Rasso Knoller

Lesereise Schweden

Rasso Knoller

Lesereise Schweden

Nils Holgersson und die Dame von der Post

Picus Verlag Wien

Umfassend überarbeitete Neuausgabe 2011

Grafische Gestaltung: Dorothea Löcker, Wien
Umschlagabbildung: Schapolow/Huber
Druck und Verarbeitung: Remaprint, Wien
ISBN 978-3-85452-995-8

Informationen über das aktuelle Programm
des Picus Verlags und Veranstaltungen unter
www.picus.at

Inhalt

Damals

Ein junger Mann wandert durch Lappland

Es ist schon lange her, dass ich in Abisko war. Für dieses Buch hätte ich noch einmal hinfahren sollen, wegen dem Kungsleden, der schönen Landschaft und überhaupt. Denn dort war es, wo meine Liebe zu Schweden begann. Damals mit siebzehn, dem Rucksack auf dem Rücken, dem Interrailticket in der Hosentasche – und vor allem mit ausreichend Kondition, den vierhundert Kilometer langen Kungsleden, den Königspfad, von A (wie Abisko) bis A (wie Ammarnäs) zu wandern.

Ich war zwar seitdem noch unzählige Male in Schweden, habe das Land mehrere Male von Süd nach Nord und von Ost nach West bereist, habe dort studiert und gearbeitet. Doch in Abisko war ich nie wieder. Weil es meine erste große Liebe war und ich die Erinnerung daran nicht zerstören wollte? Oder auch nur, weil ich in den Jahren danach nicht mehr die Kondition hatte, vier Wochen am Stück zu wandern? Ich weiß es nicht. Es ist im Grunde auch egal. Und so wird die folgende Geschichte eine alte sein und von einem jungen Mann erzählen, der sich Hals über Kopf in ein Land verliebt.

Ohne Abisko hätte ich nie Schwedisch gelernt,

nie Skandinavistik studiert, wäre ich nie in den Norden gezogen. Ohne Abisko wäre mein Leben anders verlaufen. Ohne Abisko gäbe es dieses Buch nicht.

Ein siebzehnjähriger junger Mann steigt aus dem Zug. Mit der einen Hand knallt er die rote Waggontür hinter sich zu, mit der anderen schlägt er sich auf die Stirn. Eine Mücke. Nordschweden im August. Sein erster Eindruck: ein schmerzender Stich. Der Rucksack auf seinem Rücken ist viel zu schwer: Nudeln und Reis stecken drin, auch Fleischkonserven, eine lange Hartwurst, ein großes Glas Honig, mindestens zwanzig Tütensuppen und mehr. Bis zum Rand hat der junge Reisende seinen Rucksack zu Hause gefüllt. Im teuren Schweden, hatte man ihn gewarnt, würden ihm ansonsten schnell die Kronen ausgehen.

Nur wenige Schritte neben den Gleisen stehen ein paar Zelte auf der Wiese. Er stellt seines dazu. Blau und rot ist es, windschief und ohne Überdach. Etwas armselig nimmt es sich aus zwischen seinen sturmerprobten Kollegen. Aber es erfüllt seinen Zweck. Wetterstatistiken hat der junge Mann vor seiner Reise nicht studiert. Und dennoch hat er als Einziger der Nordlandfahrer die richtige Zeltwahl getroffen. Denn nirgendwo in Schweden scheint die Sonne so häufig wie in Abisko. Im Sommer klettert das Thermometer hier leicht über dreißig Grad. Vor dem jungen Mann liegen vier Wochen ohne einen einzigen Regentropfen. Ein Überdach am Zelt ist überflüssig.

Am nächsten Morgen packt er sein Zelt zusammen, schnürt seine Wanderstiefel und beginnt den Treck entlang des Abiskojoki. *Joki* lautet das Wort der Samen für Fluss; was der Ausdruck für »wunderschön« oder »faszinierend« ist, weiß ich leider nicht. Nur langsam kommt der Reisende voran. Zu oft lockt ihn der Fluss zu einer Pause, zu oft nascht er an den reifen Heidelbeeren oder sitzt einfach still da und lauscht den Blättern, die der leichte Wind kaum vernehmbar zum Rascheln bringt. Er blickt hinüber zum Njulla, dem Hausberg Abiskos, starrt gebannt in die Stromschnellen, die in der Sonne glitzern, und lässt sich auch nicht durch den kleinen Wasserfall aus der Ruhe bringen, der versucht, ihm mit seinem lauten Rauschen Respekt einzuflößen.

Im Abstand von einer Tageswanderung liegen am Rande des Kungsleden die Hütten des STF. Die Abkürzung steht für »Svensk Turistföreningen« und entspricht in etwa dem Deutschen Alpenverein. Alpen gibt es im Norden keine, aber hohe Berge durchaus. Zum Beispiel den Kebnekaise, mit zweitausendeinhundertsiebzehn Metern der höchste aller Gipfel im Land.

Der junge Mann will ihn besteigen. Der Kebnekaise liegt zwar nicht direkt am Kungsleden, doch er scheut den kleinen Umweg nicht. Ebenso wenig wie den anstrengenden Aufstieg zum Gipfel. Auf dem langen Geröllfeld kommt er nur langsam und schwer atmend voran. Die Sommersonne brennt ihm ins Gesicht. Schweiß rinnt seinen Rücken herab. Bleibt er stehen, dringt der Bergwind durch sein Hemd. Kühlt seine erhitzte Haut. Stunde um Stunde steigt er bergan, genießt dann, endlich am Gipfel, den gigantischen Ausblick.

Jahre später, der junge Mann ist schon längst in den Vierzigern, liest er, dass Wanderer vom Gipfel des Kebnekaise bei klarem Wetter fast zehn Prozent des gesamten schwedischen Territoriums überblicken können. Dreißig Jahre früher ist ihm das nicht bewusst, wäre ihm auch gleichgültig. Er sitzt nur fasziniert da, schaut und staunt. So viel Natur. Wohin sein Auge auch blickt: Berge, Flüsse, Seen – und weit und breit ist kein Haus, keine Straße zu sehen.

Wer die gesamte Strecke des Kungsleden abwandert, kommt nur dreimal durch ein Dorf. Dennoch gibt es die wirkliche Einsamkeit erst südlich des Kebnekaise. Alle Wege und Pfade im Umkreis von zwei bis drei Tagesmärschen um Abisko sind im Sommer gut »belaufen«. Im Vergleich zu den Alpen erscheint einem die Gegend zwar immer noch menschenleer. Doch der Kungsleden ist eine der beliebtesten Trekkingtouren des Nordens. Und so sind die Hütten des STF fast immer ausgebucht.

Das war auch damals schon so. Aber nicht nur deswegen, und um sein Portemonnaie zu schonen, schläft der junge Mann im Zelt. Er will vor allem die Natur für sich alleine genießen. Ohne fremden Schweißgeruch oder das nächtliche Schnarchen des Nebenmanns auf der schmalen Holzpritsche in der Hütte. Er möchte ungestört einen Blick auf einen Polarfuchs erhaschen, Rentiere und Vögel beobachten. Damals wusste der junge Mann sogar noch ihre Namen, heute erinnert er sich immerhin noch an ihr Aussehen und ihren Gesang.

Aber nicht alle Namen hat er vergessen. An die schönsten Seen kann er sich noch erinnern: den Alesjaure, den Kaitumjaure oder den Teusajaure. *Jaure* ist das samische Wort für See – und hier scheint es Synonym zu sein für »tiefblau« oder »glasklar«. Der Teusajaure hat sogar einen Sandstrand. Einen kleinen nur, aber der Siebzehnjährige fühlt sich hier im warmen Sommer des hohen Nordens fast wie an einem Strand in der Südsee. Auch ohne Palmen. Und so könnte er sich, wenn er die Augen schließt, ganz leicht weit weg träumen. Doch warum sollte er – schöner als am Kungsleden würde es an keinem anderen Ort der Welt sein. Es ist an den Ufern der »Jauren«, wo der junge Mann sein Herz besonders laut pochen hört und sich verliebt – in ein Land namens Schweden.

Das Jantegesetz

Warum in Schweden alle »duktig« sind

Mein Freund Lasse hat einen wichtigen Journalistenpreis gewonnen. Das sei allerdings »kaum der Rede wert«, findet er. Selbst wenn man ihm den Nobelpreis verliehe, würde er nicht anders reagieren. Denn Lasse ist Schwede. Somit gilt für ihn ein ungeschriebenes Gesetz, das »Jantegesetz«. Dieses besagt, grob zusammengefasst, dass man niemals glauben soll, etwas Besseres als die anderen zu sein.

»Erfunden« hat das Gesetz der dänische Schriftsteller Axel Sandemose in seinem Roman »Ein Flüchtling kreuzt seine Spur« aus dem Jahre 1933. Benannt ist das Gesetz nach der fiktiven dänischen Stadt Jante, Gültigkeit hat es aber im ganzen Norden.

Interpretiert man es positiv, steht das Jantegesetz für Bescheidenheit und Gerechtigkeit. *Lagom* sagen die Schweden, wenn etwas weder besonders gut noch besonders schlecht ist – also »genau richtig«. Mittelmaß eben – trotzdem wäre das die falsche Übersetzung. Unser »Mittelmaß« hat nämlich eine negative Bedeutung, das schwedische *lagom* hingegen ist durch und durch positiv gemeint. *Lagom är bäst,* »genau richtig ist das Beste«, lautet ein schwedisches Sprichwort. Schon der Ursprung des Wortes *lagom* gibt einen Hinweis auf seine heutige Bedeutung. Früher tranken die Wikinger nämlich alle gemeinsam aus einem einzigen Trinkhorn. Das ging reihum – also *laget om*. Damit es keinen Streit gab, mussten alle gleich viel trinken, jeder so viel, dass es »gerade recht« war – *lagom* eben.

Will man einem Schweden ein Kompliment machen, dann sagt man ihm, dass er ein ganz normaler Kerl sei, so einer wie alle anderen auch. Damit macht man ihm garantiert eine Freude, egal ob er Handwerker, Nobelpreisträger oder der König ist.

Während man in den meisten anderen Ländern danach strebt, der Beste zu sein, bemüht man sich in Schweden, so wenig wie möglich aus der Menge herauszuragen. Deswegen sind in der Schule auch alle *duktig*. Alle sind tüchtig, alle sind gut. Schlecht ist in Schweden kein einziger Schüler, und deswegen gibt es nur drei Noten. Und das auch erst ab der achten Klasse. Während der ersten fünf Schuljahre werden die Schulleistungen nur mündlich bewertet. Von der fünften bis zur siebenten Klasse gibt es zwar Zeugnisse, in denen stehen aber nur aufmunternde Kommentare. Auch das Notensystem, das in der Klasse danach beginnt, nimmt sich im Vergleich zu Deutschland recht harmlos aus. Man unterscheidet nur zwischen *godkänd*, *väl godkänd*, und *mycket väl godkänd* – also »guter«, »sehr guter« und »ausgesprochen guter Leistung«. Für schlechte Leistungen gibt es keine Noten. Schüler, die das Klassenziel nicht erreichen, bekommen nur eine ausführliche Begründung ins Zeugnis geschrieben.

Mit dem Abschlusszeugnis der Grundschule darf man das Gymnasium besuchen. Und zwar jeder. Die Noten spielen dabei keine Rolle. Das alles hört sich für deutsche Ohren nicht sehr leistungsfördernd an, scheint aber zu funktionieren. In der viel diskutierten Pisa-Studie liegen die schwedischen Schüler regelmäßig deutlich vor ihren deutschen Kolleginnen und Kollegen.

Bei solchen Voraussetzungen könnte sogar ich mir vorstellen, nochmals zur Schule zu gehen. Dann wäre auch ich *duktig*. Die Albträume, die ich als Schüler hatte, wären mir erspart geblieben.

Auch der, der sich durch große Leistungen auszeichnet und offensichtlich besser ist als *lagom*, stellt sich so durchschnittlich wie möglich dar. Mit überlegenem Wissen gibt man in Schweden ebenso wenig an wie mit Reichtum. Ferrari macht dort nicht nur wegen der winterlichen Straßenverhältnisse ein schlechtes Geschäft. An diese Regel müssen sich auch Politiker halten. Solche, die bei Fernsehdiskussionen besserwisserisch auftreten, wie die beiden deutschen Ex-Bundeskanzler Schröder und Kohl, hätten in Schweden keine Chance. Als Führungsstärke würde das niemand ansehen – im Gegenteil. Der ehemalige sozialdemokratische Ministerpräsident Göran Persson, der wegen seines früher rüden Auftretens »Bulle-Persson« genannt wurde, musste sich erst selbst disziplinieren, bevor er bei den schwedischen Wählern ankam. Als er dann im Wahlkampf 2006 in sein altes Gebaren zurückfiel und Journalisten, die ihm unliebsame Fragen stellten, maßregelte, sanken sofort seine Popularitätswerte. Obwohl das Land unter seiner Regierung hervorragende Wirtschaftsdaten aufweisen konnte, wurde Persson nicht wiedergewählt.

Auch im Geschäftsleben bringt allzu deutlich zur Schau getragene Selbstsicherheit nichts. Damit haben deutsche Manager, die mit schwedischen Unternehmen ins Geschäft kommen wollen, häufig Probleme. Sie sind harte Diskussionen gewöhnt, pochen auf ihren Standpunkt und rücken nur widerwillig von ihren Forderungen ab. So mancher deutsche Firmenchef ist schon zufrieden lächelnd und die Hände reibend aus einer Verhandlung gegangen, weil er glaubte, sich gegen seinen schwedischen Gesprächspartner durchgesetzt zu haben. Später musste er dann erstaunt feststellen, dass der anvisierte Vertrag nicht unterzeichnet wurde.

Dabei hätte er sich nicht zu wundern brauchen – hat er doch gegen das Jantegesetz verstoßen. Normalerweise wird verhandelt, bis ein Konsens gefunden ist. Das sind Deutsche nicht gewöhnt, sie wollen ihre Interessen durchsetzen. Ist kein Kompromiss möglich, stimmen die Schweden irgendwann höflich zu – der Streit ist vermieden, aber nachgegeben haben sie deswegen noch lange nicht.

Bescheidenheit wird sogar von den Großen des Sports erwartet. Während der Fußballweltmeisterschaft 2006 in Deutschland sind alle Mannschaften standesgemäß mit dem Flugzeug oder dem eigenen Bus zu den Spielen angereist. Bis auf eine: Die Schweden waren mit der Bundesbahn unterwegs. Etwas anderes hätte man zu Hause im Drei-Kronen-Reich auch nicht verstanden.

Die skandinavische Kompromissfähigkeit ist ein Grund dafür, dass in der Politik etwas funktioniert, was bei uns undenkbar wäre: Minderheitsregierungen sind im Norden der Normalfall. Kein Oppositionsführer käme auf die Idee, die Regierung zu erpressen, nur weil diese auf die Stimmen seiner Partei angewiesen ist. Man diskutiert einfach so lange, bis man sich einig wird – ein Verfahren, das manchmal sehr viel Zeit kostet und deswegen nicht immer zum Vorteil des Landes ist.

Das Jantegesetz hat noch weitere negative Seiten. Ehrgeiz wird oft mit Egoismus gleichgesetzt. Wer auf seiner kritischen, vom Mainstream abweichenden Meinung beharrt, wird leicht als arrogant angesehen. Da hilft es dann auch nicht, wenn die Ansicht des »Abweichlers« nachweislich die richtige ist. Anpassung wird nicht nur von Ausländern erwartet, die in Schweden leben, sondern auch von den eigenen Leuten. »Wir machen das hier so und so« ist eine oft gehörte nordische Floskel, die sich auf jeden Lebensbereich anwenden lässt. Sie heißt nichts anderes als: »Wenn du dazugehören willst, dann passe dich an. Wir sind nichts Besonderes, aber du bist es auch nicht.«

Die folgende Geschichte ist frei erfunden, kann sich so aber an jedem Wochenende in Dutzenden schwedischen Familien ereignen: Der Filius der Familie kommt stolz vom Fußballspiel nach Hause und erzählt, er habe drei Tore geschossen. Ein Lob vom Papa bekommt er trotzdem nicht, vielmehr die gut gemeinte Ermahnung, er solle jetzt bloß nicht abheben.

Mein Journalistenfreund Lasse findet so etwas natürlich total unpädagogisch. Er lobt seinen Sohn auch, wenn der kein Tor schießt. Die jüngere Generation löst sich allmählich von den alten Verhaltensmustern, und auch in Skandinavien zieht der Individualismus ein. Inzwischen darf man sogar gut sein.

Nachsatz: Lasse heißt übrigens ganz anders. Er hat mir erlaubt von ihm zu erzählen, seinen richtigen Namen wollte er aber nicht gedruckt lesen. Es solle ja niemand glauben, er wolle mit seinem Journalistenpreis angeben.

Hilfe, die Dänen kommen

Eine Brückentour ins Nachbarland

Christer, vierunddreißig, verlässt jeden Morgen seine Wohnung am Stadtrand von Malmö, startet seinen Volvo und fährt nach Kopenhagen. Er ist Däne, arbeitet als Lehrer an einem Gymnasium und wohnt seit zwei Jahren in Schweden. »Alles ist billiger hier«, sagt Christer. Wenn er den Mietpreis für seine Wohnung nennt, strahlen seine Augen, als habe er im Supermarkt ein Schnäppchen ergattert. Trotz der niedrigen Monatsmiete will Christer bald eine Wohnung kaufen. Auch das ist in Malmö günstiger. »In Kopenhagen könnte ich mir etwas Ähnliches niemals leisten«, meint er. Allerdings sollte er sich damit beeilen. Weil so viele Dänen nach Südschweden ziehen, steigen hier die Immobilienpreise so sehr wie nirgendwo sonst in Schweden. Ein rasanter Anstieg, der Leute wie Lennart Andén freut. Andén ist Immobilienmakler in Malmö – und fast die Hälfte seiner Kunden kommt heute schon aus Dänemark.

Die siebenundfünfzig Meter hohe Brücke über den Öresund verbindet Schweden und Dänemark seit der Jahrtausendwende. Sie hat in der Region einiges verändert. Seit die umständliche Schiffspassage weggefallen ist, sind Malmö und Kopenhagen zu einer Metropole zusammengewachsen. Mehr als dreieinhalb Millionen Menschen leben im Großraum Kopenhagen/ Malmö. »Malmhagen« oder »Kopenmö« ist damit so groß wie Berlin – und die bevölkerungsreichste Stadt im Norden. Jetzt holen sich die Menschen das Beste aus beiden Städten: Um zu arbeiten, fahren viele Schweden nach Kopenhagen. Dort kann man deutlich mehr verdienen, und auch das Kulturangebot in der dänischen Hauptstadt ist besser. Umgekehrt wohnen viele Dänen in Malmö oder fahren zum Einkaufen dorthin. Nur der Alkohol ist teurer – Tuborg oder Carlsberg kauft man in Kopenhagen. Europa wächst zusammen – zumindest am Öresund.

Imposant ist sie schon, die Brücke, die die dänische Königin Margarethe und ihr schwedischer Kollege Carl Gustaf am 1. Juli 2000 nach fünfjähriger Bauzeit einweihten. Fast acht Kilometer ist sie lang – und macht damit doch nur knapp die Hälfte des gigantischen Bauwerks aus. Weitere vier Kilometer Straße verlaufen über eine künstliche Insel; ebenso lang ist der Tunnel, durch den man am Stadtrand von Kopenhagen ins Meer abtaucht. Pläne zum Bau einer Brückenverbindung zwischen Schweden und Dänemark gab es schon lange. Doch die hochfliegenden Ideen scheiterten an der technischen Realisierbarkeit. Bis weit ins 20. Jahrhundert hinein wäre ein solch gigantisches Bauwerk schlicht nicht zu verwirklichen gewesen. In den Jahren danach fehlte es entweder an Geld oder an politischem Willen – manchmal auch an beidem.

Wir haben inzwischen die Auffahrt zur Brücke erreicht. Die Fahrzeuge vor uns halten an der Mautstation an, Christer hingegen fährt einfach weiter. Ich blicke ihn fragend an, er antwortet nur kurz: »Brobizz«, und weist auf das kleine »Kästchen« an seiner Windschutzscheibe. Das Gerät ist sein Ticket, jede Brückenüberfahrt wird automatisch registriert und der entsprechende Betrag abgebucht. Christers Fahrkarte ist billiger als die Einzelfahrkarte. Es wundert mich nicht: Christer ist der König der Schnäppchenjäger – und man kann sicher sein, dass er alles gut durchkalkuliert hat. Als ich ihn frage, ob sich der Umzug nach Malmö denn auch lohne, wenn man den Brückenzoll und das Benzin mit einrechne, rasselt er eine Kolonne von Zahlen herunter. Und kommt unter dem Strich noch immer auf eine fünfzigprozentige Ersparnis.

Der Blick von der Brücke zieht mich in seinen Bann. Die Sonne scheint und taucht den unter uns liegenden Sund in mildes Morgenlicht. Selbst das Containerschiff, das auf die Brücke zusteuert, sieht aus wie gemalt. An Tagen wie diesem ist die Öresundbro nicht nur Verkehrsweg, sondern bietet auch atemberaubende Ausblicke. Allerdings nur dem Beifahrer. Der Fahrer hat wenig von der Schönheit; er kann hier nirgends anhalten. Christer will das auch nicht. Er hat dieses Bild schon x-mal gesehen; meine Begeisterung scheint von ihm abzutropfen. Schweigend sitzt er hinter dem Lenkrad, hat wohl ganz andere Dinge im Kopf als ich. Vielleicht denkt er an die vor ihm liegende Mathematikstunde, auf die er sich wegen unseres Bummels durch Malmös Kneipen am Vorabend nicht vorbereitet hat. Viel Zeit bleibt ihm nicht für seine Gedanken. Schon fünfundvierzig Minuten, nachdem wir seine Wohnung in Malmö verlassen haben, stehen wir vor seiner Schule in Kopenhagen. Der schwierigste Teil der Fahrt beginnt aber noch: Parkplatzsuche in der dänischen Hauptstadt. Alle Verkehrsprobleme kann auch die Brücke nicht lösen.

Lage ist alles

Neunundfünfzig Steine der Wikinger geben Rätsel auf

Der Blick auf die Statistik hatte etwas anderes versprochen. Im Vergleich zu Deutschland soll es in Schonen nämlich ausgesprochen wenig regnen. Während in Hamburg siebenhundertsiebzig Millimeter Niederschlag pro Jahr fallen, in Köln achthundert und in München tausend, sind es in Malmö lediglich fünfhundertsechzig. Die einzige deutsche Großstadt, die da in etwa mithalten kann, ist Berlin.

Weil ich auf die Statistik vertraute und mir ein Fahrrad für meine Erkundungstour ausgeliehen habe, bin ich im Nieselregen unterwegs. Einsam radle ich über die schonischen Nebenstraßen dahin. Autos? Fehlanzeige. Dafür Windräder am Horizont und schnuckelige rot gestrichene Häuser am Wegesrand. Jedes zweite beherbergt eine Galerie – es scheint, als würden in Südschweden nur zwei Berufe ausgeübt: der des Bauern und der des Künstlers. Hier scheint fast jeder zu malen, zu zeichnen oder zu töpfern. Ob die Schweden wohl ein besonders kreatives Volk sind?

Aus solchen Gedanken werde ich gerissen, als plötzlich Gegenverkehr auftaucht. Nein, kein Auto oder Motorrad. Sondern ein Fahrrad, auf dem aufrecht ein älterer Herr thront. Fein gekleidet, aber mit Schirmmütze auf dem Kopf. »Skånska Cement« steht darauf – Werbung für Zement aus Schonen. So richtig passt die Kappe nicht zu seinem sonstigen Outfit. Als Regenschutz erfüllt sie aber durchaus ihren Zweck. »Hej«, grüßt er mich mit breitem Lächeln – immer freundlich, diese Schweden. Der nervigste Nieselregen kann ihnen nicht die Laune verderben. Ich grüße zurück. »Hej«, sage ich und lasse zur Sicherheit noch ein zweites »hej« folgen. So wie es alle Schweden tun, wenn sie besonders nett sein wollen.

Ich bin in Richtung Ales stenar unterwegs. Über tausend Jahre ist es her, dass die Wikinger dort ein Monument aus neunundfünfzig Steinen errichteten, platziert in Form eines Schiffes. »Schiffssetzung« nennt das die Wissenschaft. Das steinerne Wikingerschiff hat gigantische Ausmaße: Stolze siebenundsechzig Meter misst es vom ersten bis zum letzten Stein. Neunzehn Meter sind es in der Breite. Und jeder Stein wiegt zwischen fünfhundert und achtzehnhundert Kilo.

Selbst die Wikinger, die in Geschichtsbüchern gerne als kraftstrotzende und kriegerische Muskelmänner beschrieben werden, dürften solche Massen ins Schwitzen gebracht haben. Die meisten der Steine kamen zwar aus der unmittelbaren Umgebung, einige aber wurden aus zwanzig bis dreißig Kilometer Entfernung herangeschleppt. Man nimmt an, dass die Wikinger den Winter nutzten – und die Steinkolosse übers Eis hierher zogen.

Warum die Wikinger Ales stenar bauten, weiß niemand. Auch die Wissenschaftler tappen im Dunkeln und können bislang nur Theorien anbieten. Die einen halten Schiffssetzungen für Kultplätze, die anderen für Gräber – Knochen fand man hier aber keine. Dritte wiederum interpretieren den Ort als einen riesigen Sonnenkalender. Wer immer auch Recht hat: Heute ist Ales stenar die meistbesuchte Sehenswürdigkeit im Süden Schwedens. Dreihunderttausend Menschen zieht es jährlich hierher, und trotzdem ist es ein Ort geblieben, der Geheimnisse birgt und Rätsel aufgibt.

»Die Wikinger kommen« war ein Ruf, der die Menschen erschaudern ließ. Wer ihn hörte, musste um Hab und Gut und auch sein Leben fürchten. Seit dem Überfall auf das englische Kloster Lindisfarne im Jahre 793 waren die Wikinger in ganz Europa gefürchtet. Sie galten als kulturlose Barbaren, die brandschatzend und mordend durch die Lande zogen. Dabei waren die meisten Menschen im Norden weder Seefahrer noch Plünderer, sondern einfach arme Bauern, die sich auf kargen Äckern abrackerten und Kühe oder Schweine züchteten. Überbevölkerung zwang sie zur Auswanderung, und so kamen sie bis Island, Grönland und, wie man inzwischen weiß, lange vor Kolumbus nach Nordamerika. Während aber dem berühmten Italiener überall Denkmäler gesetzt werden, ist Bjarne Herjolfsson kaum bekannt. Dabei war der Wikingerhandelsmann der erste Europäer, der im Jahre 985 die Neue Welt zu Gesicht bekam.

Wie kunstvolle Grabbeigaben zeigen, lebten unter den harten Wikingern auch Künstler und – wie Ales stenar vermuten lässt – Astronomen.

Lage ist alles. Diese Maxime jedes Immobilienmaklers hatten schon die alten Wikinger beherzigt. Ales stenar, das riesige Boot aus Stein, liegt direkt am Meer, gerade so, als wollten die Seeleute mit ihm jeden Augenblick in See stechen und in die Welt hinaussegeln. Heute ist das zwar nicht mehr möglich, denn das Land hat sich gehoben und die Steinsetzung liegt inzwischen fünfunddreißig Meter über dem Meeresspiegel. Doch dadurch liegt sie nur noch exponierter, die Aussicht ist noch grandioser geworden.

Kaum bin ich bei Ales stenar angekommen, hört der Regen auf. Ich lehne mich an einen der kühlen Steine und blicke hinaus aufs Meer. Beobachte die Schiffe am Horizont: Fähren, die von Ystad nach Polen fahren, Frachtschiffe auf dem Weg in Richtung Öresund, sowie Segelyachten, die die nahe gelegenen Häfen von Kåseberga und Simrishamn ansteuern. Die Ostsee vor der schwedischen Südküste ist eine der meistbefahrenen Schiffsstraßen Europas. Aber auch in der Luft ist einiges los. Die Aufwinde machen die Steilküste zum idealen Revier für Paraglider. Rote, blaue und gelbe Segel gleiten über mich hinweg, um zu wenden und zurückzukehren. Fast irreal mutet das Aufeinandertreffen von Gegenwart und Vergangenheit an.

Plötzlich reißt die Wolkendecke auf. Die Sonne taucht die riesigen Steine in ein unwirkliches Licht. Zaubert Kontraste. Der Himmel über Ales stenar ist tiefblau, die Herbstwiese neben mir leuchtet in saftigem Gelb – die schwedischen Nationalfarben, ein Lichterspiel der Natur.

Morde in Ystad

Kommissar Wallander auf Verbrecherjagd

Die Gegend um Ystad ist gefährlich. Hier wird so viel gemordet wie nirgendwo sonst im Land. Junge Frauen werden in den Dünen erdrosselt, alte Männer von spitzen Holzstangen durchbohrt, ehemalige Justizminister erschossen und Leichen auf Rettungsinseln an Land geschwemmt. Die freundlichen Menschen, die weiten Sandstrände, die sanft im Wind wiegenden Ähren, der blaue Himmel – davon sollte sich niemand täuschen lassen. Wer hier unterwegs ist, muss sich in Acht nehmen.

Kommissar Wallander kämpft einen ungleichen Kampf gegen das Verbrechen. Zwar bringt er Mörder und Vergewaltiger reihenweise zur Strecke. Das Böse kann er aber nicht besiegen. Immer wieder wird in Ystad gemeuchelt.

In dem verschlafenen Siebenundzwanzigtausend-Einwohner-Städtchen an der schwedischen Südküste spielen die meisten Kriminalromane Henning Mankells, der auch in Deutschland seit Jahren ganz oben auf den Bestsellerlisten steht.

Viele seiner Fans begnügen sich inzwischen nicht mehr mit der Lektüre der Bücher. Immer mehr pilgern an den Ort des mörderischen Geschehens und bescheren Ystad damit einen ungeahnten Besucherzuwachs. Die Tourismusbranche hat sich darauf eingestellt und Ystad zur »Wallandertown« gemacht. Stadtspaziergänge auf der Spur der Mörder gehören inzwischen zum Standardprogramm. Da kommt man dann auch in der Liregata vorbei, einer kleinen Straße mit bunten Fachwerkhäusern, wie es sie hier überall gibt. Hier würde jeder schwedische Kleinbürger gerne leben. Und doch lauert das Verbrechen. Yvonne Ander wohnte hier, die sadistische Serienmörderin aus »Die fünfte Frau«. Auch in Sjömansgata, der Seemannsstraße, ist keiner sicher. Sie liegt in einer feinen Gegend, mit Häusern aus dem 19. Jahrhundert. Der rechte Ort, um eine Anwaltskanzlei zu eröffnen. Gustaf und Sten Torstensson taten genau das – und beide überlebten den »Mann, der lächelte« nicht. Nahezu jede Straße dieser scheinbar so friedlichen Stadt hat schon ihren Mord gesehen. Auch die Polizei hatte schon Opfer zu beklagen. In der Lilla Norregata wurde Wallanders sympathischer Kollege Svedberg mit zwei Schüssen brutal niedergestreckt.

Dorthin fährt auch die Freiwillige Feuerwehr, die ebenfalls in Sachen Wallander unterwegs ist. Sie bessert ihr Budget auf, indem sie Krimifans in einem blutroten alten Feuerwehrauto zu den Mordschauplätzen karrt. Selbst das Fremdenverkehrsamt am St. Knuts torg ist zur Hälfte Souvenirshop in Sachen Wallander. Der Fan bekommt Broschüren, die ihn auf den rechten Weg – ergo die Spuren des Kommissars – bringen. Er kann seine Mankell-Krimisammlung komplettieren, auf Schwedisch und Deutsch, oder eine Autogrammpostkarte mit der Signatur des Schriftstellers kaufen. Der Erlös kommt aber nicht der schwedischen Polizei zugute. Er geht in Entwicklungshilfeprojekte, die Mankell in Afrika unterstützt. Der ist nämlich nicht nur Krimiautor, sondern widmet sich in vielen Büchern dem schwarzen Kontinent. Seit Mitte der achtziger Jahre lebt der Autor die Hälfte des Jahres in Maputo, der Hauptstadt Mosambiks, und arbeitet dort als Theaterdirektor.

Wie viele andere Menschen in Ystad verdankt auch Lilian Schimele ihren Arbeitsplatz Kommissar Wallander. Als Mankell-Fan hat die gebürtige Schwarzwälderin ihr Hobby zum Beruf gemacht und verdient ihren Lebensunterhalt als Guide in den Wallander-Filmstudios am Stadtrand von Ystad.

Als im Jahre 2004 die letzten Soldaten aus dem alten Kasernengelände abmarschierten, zogen die Filmcrews ein. Seitdem wird hier gemordet und ein Krimi nach dem anderen gedreht. Dreizehn Stück bisher.

Unsere Führung beginnt an einem ausgebrannten Wohnwagen. In dem mussten in »Tod in den Sternen« einige Menschen ihr Leben lassen. Daneben steht ein zerschundenes Autowrack. Auch an dessen zerfledderten Sitzen klebt Filmblut.

Das Highlight der Führung ist weniger schaurig. Es ist ein einfacher Schreibtisch, der doch etwas ganz Besonderes ist. Hinter dem nimmt nämlich sonst Kommissar Wallander Platz. Jetzt ist er, bis auf eine Schreibtischunterlage und ein Telefon, leer geräumt.

Trotzdem beginnt der Run auf ihn, als Schimele sagt: »Wenn Sie möchten, dürfen Sie sich gerne an Wallanders Schreibtisch setzen.« Jeder aus unserer Besuchergruppe will auf dem Drehstuhl davor Platz nehmen und den Kommissar mimen. Am besten ganz cool mit dem Telefon in der Hand. Aus unterkühlten Skandinaviern werden plötzlich leidenschaftliche Fans. Wallander ist eben kein normaler Krimikommissar. Er ist eine Kultfigur.

In der riesigen Halle, in der einst Luftabwehrgeschütze und andere Waffen lagerten, ist nicht nur für Wallanders Büro Platz. Auch die Gerichtsmedizin und der große Konferenzsaal der Polizei sind hier untergebracht sowie Wallanders Wohnung. Die liegt nur zehn Meter neben dem Büro und ist der zweite Höhepunkt der Führung. Leicht zerschlissene, aber gediegene Möbel, ein Fernsehapparat, ausgeblichene Gardinen vor den Fenstern und an der Wand ein großes Bücherregal. Lilian Schimele weist auf die auffälligen Lederstühle hin, die offenbar so speziell sind, dass sie in keinem anderen Film mehr als Requisiten verwendet werden können. »In Schweden weiß jeder, dass Wallander in einem solchen Stuhl saß«, sagt sie. Das Esszimmer des Kommissars ist etwas spärlicher eingerichtet. »Im Film kommt dieser Raum nicht oft vor«, erzählt Schimele und führt uns deswegen gleich weiter ins Schlafzimmer. Ein junges Mädchen beginnt zu murren. Wie jeder echte Fan kennt sie alle Details aus den Büchern und hat in der Studiodekoration einen Fehler ausgemacht. »Im Buch wohnt Wallander in keinem Eckhaus«, bemerkt sie und moniert die beiden über Eck liegenden Fenster. Schimele nickt und räumt ein, dass die Buchvorlage nicht in jedem Fall eins zu eins umgesetzt wurde.

Für die Filmaufnahmen zog Wallander sogar um. Im Roman wohnt er im Erdgeschoss in der Mariagata 10, für den Film musste er auf die andere Straßenseite ins Haus 11c wechseln. Seine »Buchwohnung« liegt nämlich in einem Neubau, und der gefiel dem Regisseur nicht.

Am Ende der Führung lässt uns Schimele einen Blick in einen Baumwollsack werfen. Harmlos sieht er aus, zumindest von außen. Doch darin liegen abgerissene Hände, ein zerfetzter Unterschenkel und auch ein paar abgetrennte Finger – alles schön blutig und sehr lebensecht. Aber nur aus Latex.

Die Realität in Ystad ist glücklicherweise weniger grausig. Statistisch gesehen passiert nur alle sieben Jahre ein Mord. Bei einem Ausflug nach Südschweden kann man die Pistole zur Selbstverteidigung also getrost zu Hause lassen.

Nils Holgersson und die Dame von der Post

Mit dem Fahrrad unterwegs durch Schonen

Schonen, die südlichste Provinz Schwedens, gehörte lange Zeit zu Dänemark. Und so hat sie zum restlichen Land ein ähnliches Verhältnis wie Bayern zu Deutschland: Man ist irgendwie dabei, aber trotzdem stolz darauf, etwas anderes zu sein.

Mit der Sprache verhält es sich ähnlich. Die ist zwar Schwedisch, aber wenn ein *skåning*, wie die Menschen hier heißen, loslegt, ist er für die übrigen Schweden nur schwer zu verstehen. Ein Freund aus Stockholm erzählte mir, dass er bei seinem letzten Geschäftsbesuch in Malmö mit dem Taxifahrer Englisch sprechen musste, weil er aus dessen Dialekt einfach nicht schlau wurde.

Mit dieser Erfahrung steht er nicht allein. Auch deswegen lacht man in Schweden über die Leute aus dem Süden des Landes, wenn die Rede auf die geplante Pflichtsprachprüfung für Einwanderer kommt. Nur wer die besteht, soll den schwedischen Pass bekommen und im Land bleiben dürfen. Weswegen ganz Schweden gerne spottet: Käme der Gesetzesvorschlag durch, müssten alle Menschen aus Schonen Schweden verlassen.

Das erzählt mir ein Tourist aus Göteborg, den ich beim Fahrradverleih in Ystad treffe. Er möchte wie ich einige Tage mit dem Rad durch Schonen strampeln. Auf den Spuren seiner Frau, wie er sagt, die hier aus der Gegend stamme. Jetzt wird mir klar, woher seine Kenntnisse über den hiesigen Dialekt stammen. Später treffe ich ihn wieder, am Schloss Svaneholm, diesmal zusammen mit der Gemahlin. »Das ist der Herr aus Deutschland, der Schwedisch spricht, ich hab dir doch von ihm erzählt«, stellt er mich vor. Ich begrüße die ältere Dame, die mich nun mit vielen Worten überschüttet. Freundliche Worte, vermute ich – ich entnehme es ihrem Lächeln. Verstanden habe ich sie nicht.

Mit beiden nehme ich an einer Führung durch Schloss Svaneholm teil. Hier hat im 18. Jahrhundert der große Bodenreformer Rutger Macklean gelebt. Viel wichtiger für Schweden und die Kinder in aller Welt ist aber eine ganz andere Person aus Schonen: Nils Holgersson ist ganz in der Nähe zur Welt gekommen. Der winzige Jüngling ist 1906 der Feder von Selma Lagerlöf entsprungen und hat sich dann auf dem Rücken von fliegenden Gänsen auf den Weg vom Süden in den Norden des Landes gemacht. Ursprünglich als Schulbuch konzipiert, wurde Nils Holgerssons wunderbare Reise zu einem der erfolgreichsten Kinderbücher aller Zeiten.

Im Land von Nils Holgersson lässt es sich ideal radeln. Auf den Nebenstraßen Schonens begegnet man nur selten Autos, und Hügel oder gar Berge gibt es so gut wie keine. Flach ist der

Weg deswegen aber noch lange nicht. Außerdem macht mir der Gegenwind zu schaffen. Da mein Fahrrad keine Gangschaltung hat, komme ich schneller ins Schwitzen als mir lieb ist. Ich beginne, den kleinen Nils um seine Transportmöglichkeit zu beneiden. Von oben hat er die Landschaft vermutlich sogar noch besser genießen können: die weiten Kornfelder, die roten Holzhäuschen, umgeben von Gärten, sowie die Wälder und Wiesen, auf denen hier vor allem Pferde weiden. Pferde gibt es hier zuhauf, jeder zweite Bauernhof bietet Reiterferien an.

Die Blumen am Wegesrand, klein und schüchtern die blassblauen, vorwitzig und frech die gelben, sehe ich aber von hier unten besser. Und auch den Menschen kommt leichter näher, wer mit dem Erdboden verhaftet bleibt. Menschen wie der älteren Dame von der Schwedischen Post, die in ihrem knallgelben Kastenwagen französischer Bauart die Briefe ausfährt.

Ich treffe Lena Anderson vor dem Haus von Knut Knutsen. Sie ist gerade dabei, ihm ein Päckchen in seinen bunt bemalten Briefkasten zu legen. Schon seit geraumer Zeit habe ich den Verdacht, mich verfahren zu haben, und wer könnte mir besser den Weg weisen als eine Mitarbeiterin der Post? Aber Lena Anderson beruhigt mich schnell: Die Abzweigung, die ich suche, liegt noch vor mir. Schnell kommen wir ins Gespräch. Die Briefe müssen warten und gelangen heute etwas später zu ihren Empfängern. Lena Anderson erzählt mir, dass ihr Bruder im Nachbardorf wohnt und die Renovierung der Dorfkirche ansteht. Und sie schimpft über den neuen Turning Torso, den »dieser Spanier« in Malmö gebaut hat und der ihr nicht besonders gefällt. Als ich erwidere, dass ich das in sich wie eine Spirale verdrehte Hochhaus von Santiago Calatrava ziemlich spektakulär finde, lenkt sie ein und meint versöhnlich: »Na, so schlecht ist es auch wieder nicht.« Doch wenn ich mich für Architektur interessiere und einen besonders schönen Bau sehen wolle, müsse ich weiter zum alten Herrenhaus von Häckeberga radeln. Ich verspreche es ihr – das Anwesen liegt ohnehin auf meinem Weg.

Ich verabschiede mich von Lena Anderson, steige auf mein Rad und fahre weiter. Die Straßen in Schonen werden nicht mit dem Lineal gezogen. Sie verlaufen so, wie es die Natur und die Grundstücksgrenzen zulassen. Wie Flussläufe mäandern sie durch die Landschaft, knicken urplötzlich ab und führen ein paar Hundert Meter in die Richtung zurück, aus der sie gekommen sind – so, als hätten sie etwas vergessen. Das haben sie aber nicht: Hier hat nur alles mehr Zeit und Muße. Die Dame von der Post, und die Straßen auch.

In Häckeberga erfahre ich, dass ich nicht nur auf den Spuren Nils Holgerssons unterwegs bin, sondern auch auf denen eines anderen großen Schweden: Carl von Linné, der Botaniker, nach dessen System alle Pflanzen dieser Welt benannt sind, war im Juli 1749 hier zu Gast. Darauf verweisen die heutigen Besitzer des Herrenhauses gerne, denn Linné hat Häckeberga als eines der schönsten Anwesen bezeichnet, das ihm auf seiner Reise durch Schonen begegnet ist. Auf einer Halbinsel liegt es. Direkt am See. Da kann man schon ins Schwärmen geraten. Lena Anderson und der berühmte Carl von Linné haben offenbar den gleichen Geschmack. Obwohl: Exakt dasselbe Gebäude haben beide nie gesehen. Denn das Haus im Stil der französischen Renaissance, an dem die Dame von der Post Tag für Tag vorbeifährt, ist ein Umbau, der erst nach Linnés Zeiten entstand.

Wie Nils Holgersson zieht es auch mich immer weiter. Assartorp, Damshög und Elinedal sind meine nächsten Stationen – Orte, die keine sind. Auf den Schildern am Wegesrand stehen zwar die Namen, die dazugehörigen Häuser aber fehlen. Die liegen irgendwo weit abseits der Straße, in der Mitte eines Feldes, am Waldrand oder am Ufer des nächsten Sees. Ich radle noch an einigen weiteren Schlössern vorbei, nicht umsonst heißt der Weg, auf dem ich unterwegs bin, Schlösser-Route. Stattlich sehen sie aus, die steinernen Zeugen einer vergangenen Zeit. Anfangs zücke ich noch meine Kamera und informiere mich über Baustil und Geschichte in meinem Reiseführer. Bald lasse ich aber Buch und Fotoapparat beiseite. Eine Gegend wie diese lässt sich nicht dokumentieren, nur erspüren.

Dann höre ich Vogellärm über mir. Ich blicke

nach oben: Graugänse auf ihrer Reise. Nils Holgersson kann ich auf ihren Rücken nicht erkennen. Aber der ist auch nur daumengroß, und ich bin überzeugt: Irgendwo hält er sich im Gefieder eines der Vögel fest. Ich wünsche ihm eine gute Reise.

Eine Lesbe, bitte

In der Bibliothek von Malmö kann man Menschen ausleihen

»Eine Lesbe, bitte.«

»Tut mir leid, die ist ausgeliehen. Aber wie wäre es stattdessen mit einem Transvestiten, einem Imam oder einem Sinto?«

Menschenhandel in Schweden? Nein! Aber Sätze wie diese kann man an bestimmten Tagen in der Stadtbibliothek von Malmö hören. Denn die verleiht ein paar Mal im Jahr »lebende Bücher«.

»Lebende Bücher?«, frage ich. »Ja, Menschen, die einer Minderheit angehören«, erklärt mir Catharina Norén. Man kann sie »ausleihen«, sich mit ihnen unterhalten und so seine Vorurteile bekämpfen. »Rede nicht über dein Vorurteil, sondern triff es – und werde es dadurch los«, lautet der Slogan der Aktion.

Catharina Norén, eine freundliche ältere Dame mit schlohweißem Haar, hat sich mit einigen ihrer Kollegen aus der Bibliothek zusammengetan, um gegen die Diskriminierung von Minderheiten zu kämpfen. Dafür ist Malmö der geeignete Ort – jeder vierte Einwohner ist Ausländer. Es gibt ganze Stadtteile, in denen kaum ein Schwede lebt. Ghettobildung mit allen damit verbundenen Auswirkungen ist die Folge: mangelnde Sprachkenntnisse, Arbeitslosigkeit, eine hohe Kriminalitätsrate und das Gefühl sozialer Isolation.

Entsprechend groß sind die Vorurteile gegen die jeweils andere Gruppe. Im Vergleich zu Deutschland sind rechtsradikale Ausschreitungen zwar selten. Aber auch in Schweden gibt es Neonazis. Auch dort brannten Ausländerheime. Und: Einige Städte haben sich schon geweigert, Flüchtlinge aufzunehmen.

Vor einigen Jahren befragte die Stadt Malmö alle, die aus dem Zentrum ins Umland zogen, nach ihren Beweggründen. Die Regionalzeitung *Sydsvenskan* veröffentlichte das bedrückende Ergebnis. Die gängige Antwort lautete: »Zu viele Ausländer.«

Einer schrieb, er beobachte »immer wieder Auseinandersetzungen zwischen Schweden und Ausländern. Ich habe Angst, durch die Stadt zu gehen.« Eine Frau: »Ich bin keine Rassistin, aber es leben so viele Ausländer hier, dass ich mich unsicher fühle. Meine Freunde sagen mir zwar, meine Angst rühre daher, dass ich selbst keine Fremden kenne. Aber wo soll ich als Mutter von zwei Kindern denn Ausländer treffen?«

In der Tat, es ist schwer, »den Anderen« kennenzulernen. Vielerorts sind die Gräben schon zu tief, die Mauern zu hoch. Man bleibt mit seinen Vorurteilen lieber unter sich.

Dieses Problem hat Catharina Norén erkannt. »Meist fürchtet man sich doch vor Dingen, die man nicht kennt«, sagt sie, »deswegen misstraut man auch Menschen eines anderen Kulturkreises.« Ganz rar sind diese Kontakte zwischen gebürtigen Schweden und Zuwanderern der älteren Generation. Die Konsequenz für Norén: Sie wollte Menschen zusammenbringen, die einander im täglichen Leben nicht begegnen.

Norén ist Bibliothekarin, doch der Anstoß zu der Ausleihaktion kam von außen. Schon im Jahr 2000 beim Rockfestival im dänischen Roskilde gab es ein ähnliches Projekt, und dann später noch einige Male in Ungarn und Norwegen.

Die Idee, Menschen so zu verleihen wie Bücher, gefiel Norén natürlich. Ausleihaktionen zu organisieren – damit kannte sie sich aus. »Viele Regeln kann ich tatsächlich aus dem normalen Bibliotheksbetrieb übernehmen«, so Norén, die über die Analogie selbst lachen muss. Wie in einer normalen Bücherei hat der Leser sein Buch in demselben Zustand zurückzugeben, in dem er es erhalten hat. Keine Eselsohren und ausgerissenen Seiten in dem einen Fall, keine Beleidigungen oder aggressiven Fragen im anderen. Beschränkt ist die Ausleihfrist bei beiden, beim »lebenden Buch« ist sie allerdings deutlich kürzer als bei der Leihgabe aus Papier: Nach einer Dreiviertelstunde muss das »Buch« wieder im »Regal« stehen.

Nachdem also die Regeln feststanden, suchte Norén Leute, die bei der Aktion mitmachen wollten. »Das war viel leichter als gedacht«, blickt sie zurück. »Egal wo ich anfragte, alle waren von der Idee begeistert. Fast jeder, den ich bat, sich als lebendes Buch zur Verfügung zu stellen, sagte Ja.« Die imaginären Regale der »Menschenbibliothek« waren schnell gefüllt.

Die erste Ausleihaktion fand im Rahmen des Stadtfestes statt – und war ein voller Erfolg. Für manche begehrte »Ausleihobjekte« gab es sogar Wartelisten. Besonders gefragt waren der Imam und die muslimische Frau. Wen man sonst noch ausleihen konnte, will ich von Norén wissen. Sie überlegt kurz und zählt auf: »Eine Lesbe, einen Transvestiten, einen Behinderten, einen Obdachlosen, einen Tierrechtsaktivisten, eine Feministin, einen Farbigen, einen Rom, einen Sinto, einen ehemaligen Strafgefangenen, einen Dänen und einen Türsteher.«

Letztgenannter wurde allerdings wenig ausgeliehen. Er war wohl nicht exotisch genug, denn in Skandinavien steht vor fast jedem Lokal ein solcher Muskelprotz. Durchaus gefragt war hingegen der Däne. Für uns mag das überraschend sein, denn wir machen kaum einen Unterschied zwischen Schweden, Dänen oder Norwegern. Im Norden sieht man das ganz anders. Die Länder haben eine lange gemeinsame und nicht immer konfliktfreie Geschichte hinter sich. Im Laufe der Jahrhunderte ist so eine innige Hassliebe entstanden. Und so möchte mancher Schwede einfach mal wissen, wie der Nachbar aus Dänemark so tickt.

Am Dänen war Familie Christensen nicht interessiert, die kommt nämlich selbst aus Dänemark und war am Tag der Ausleihaktion nur zufällig in Malmö. Vater Paul, Mutter Lise, die dreizehnjährige Lena und der achtjährige Henrik liehen sich den Obdachlosen aus. »Ganz ehrlich«, wundert sich Paul über sein eigenes Vorurteil, »ich hatte nicht gedacht, dass man sich mit einem Obdachlosen so ganz normal über alles unterhalten kann.«

Viele Familien machten es wie die Christensens und liehen sich zusammen ein »Buch« aus. Oft waren dann die Kinder neugieriger als die Erwachsenen. Sie nähern sich Fremden noch ohne Scheu und finden Unbekanntes spannend. Ein kleiner elfjähriger Junge gab, nachdem er sich eine Dreiviertelstunde angeregt mit der Muslimin unterhalten hatte, zu Protokoll: »Es war viel schöner, als ein richtiges Buch zu lesen.« Seine Aussage ist neben anderen auf einem zehnseitigen, eng bedruckten Computerausdruck nachzulesen. Nach ihrer Meinung befragt wurden sowohl die »Bücher« als auch die Ausleihenden – und »kein einziger Kommentar ist negativ«, sagt Norén voller Stolz.

»Es war wie eine kostenlose Therapie gegen Vorurteile«, schrieb einer, und eine Frau meinte: »Es war ein wunderbares Gespräch. Ich verstehe jetzt die Situation muslimischer Frauen viel besser.«

Oft bleiben die Gespräche auf dem Niveau einfacher Frage- und Antwortspiele. Darf eine muslimische Frau auch ohne Mann auf die Straße gehen? Sind Transvestiten schwul? Wie fühlt man sich als Farbiger unter lauter Weißen? Sind alle Moslems für Bin Laden?

Die Feministin wird fast jedes Mal gefragt, ob sie Männer hasse und lesbisch sei. Der Rom muss ständig erklären, dass er nicht mit dem Wohnwagen übers Land zieht. Gerade vermeintlich »dumme« Fragen zeigen, wie wichtig Aktionen wie diese sind.

Manchmal wird aber auch intensiv diskutiert. Wenn dann die fünfundvierzigminütige »Leihfrist« nicht ausreicht, werden auch schon mal Telefonnummern getauscht, und man unterhält sich an anderer Stelle weiter.

Aus einigen dieser Treffen sind sogar tiefe Freundschaften entstanden. Norén erzählt von einem Jäger, der sich einen Tierschützer »auslieh«, um ihm mal so richtig die Meinung zu sagen. Nach einer Dreiviertelstunde Streit waren die beiden zwar immer noch nicht derselben Ansicht, sie hatten aber überraschend viele Gemeinsamkeiten entdeckt. Beide verbrachten ihre Freizeit vor allem im Wald, waren in Umweltschutzgruppen aktiv und wählten sogar dieselbe Partei. Bald verabredeten sie sich zu Spaziergängen und Ausflügen. Ihre Geburtstage feiern sie inzwischen zusammen, wollen demnächst auch gemeinsam in den Urlaub fahren. Nur während der Elchjagdsaison gehen die beiden nach wie vor getrennte Wege.

Andere Treffen wiederum ergreifen die Teilnehmer zutiefst. Ein zweiundsiebzig Jahre alter Rentner hatte sich den Transvestiten ausgeliehen. Schüchtern saß der alte Mann am Tisch, stellte leise seine Fragen und hörte dem Jüngeren aufmerksam zu, wenn dieser antwortete. Immer intensiver wurde das Gespräch, immer persönlicher die Fragen. Irgendwann liefen dem Alten die Tränen übers Gesicht. »Ich bin wie du«, sagte er und seine Stimme zitterte. »Aber bis jetzt konnte ich mit niemandem darüber sprechen.« Als der Mann nach Ende des Gesprächs aufstand, zitterten seine Knie. Lange schüttelte er dem jungen Transvestiten die Hand. Sichtlich mitgenommen trippelte er davon – ein alter Mann, der sein ganzen Leben lang seine Gefühle, sein wahres Ich hatte verstecken müssen. Zum ersten Mal konnte er seine Empfindungen zeigen, zum ersten Mal wurde er so akzeptiert, wie er wirklich war. Eine schöne Geschichte – und eine traurige zugleich.

Momente dieser Intensität kommen nur selten vor. Doch jeder nimmt ein kleines Stückchen Wissen über eine andere Kultur oder einen anderen Menschen mit nach Hause. Mancher hat vielleicht sogar noch etwas über sich selbst erfahren. Als sich Catharina Norén von mir verabschiedet, schüttelt sie mir die Hand und sagt: »Es verbindet die Menschen mehr als sie trennt.«

Inzwischen haben viele Bibliotheken in Schweden die Idee übernommen. Nicht mehr allein in Malmö werden »lebende Bücher« verliehen. »Das ist so normal geworden, dass über solche Aktionen allenfalls noch die Lokalzeitungen berichten«, sagt Norén. Eigentlich nicht schlecht, wenn eine gute Idee so oft kopiert wird, dass sie nichts Besonderes mehr ist.

Eine Reise zu sich selbst

Unterwegs auf dem Klaraälv

Ing Marie Junler bringt uns den Schotstek und den Halbwurfknoten bei. Beides brauchen wir, denn in den nächsten sechs Stunden sollen wir ein Floß bauen – ganz ohne Nagel und Hammer, nur mit Hilfe von Seilen, die wir zusammenknoten. Vier Tage lang werden wir dann mit unserem »Eigenheim« den Klaraälv in Värmland hinunterschippern.

Der Klaraälv entspringt jenseits der schwedischen Grenze in Norwegen und mündet nach vierhundertsechzig Kilometern in den Vänern, den größten See Schwedens und den drittgrößten Europas. Schon seit dem 17. Jahrhundert werden hier Holzstämme auf dem Wasser transportiert. Als es noch keine Straßen gab, bot der Fluss den einzigen Weg, sie aus den riesigen Wäldern im Landesinneren dorthin zu bringen, wo die Menschen lebten – an die Küste. Baumstämme zu flößen ist billig, und deshalb überließ man dem Wasser noch bis weit ins 20. Jahrhundert hinein die Arbeit. 1957, im Rekordjahr der Flößerei, trieb so viel Holz den Klaraälv hinunter, wie auf sechsundzwanzigtausendsiebenhundert Tieflader inklusive Anhänger gepasst hätte! Inzwischen wird aber schon lange nicht mehr kommerziell geflößt, heute treiben nur noch Touristenflöße wie das unsere den Fluss hinab.

Bevor wir aber ablegen können, ist schwere Körperarbeit angesagt. Wir müssen Holzstämme ans Ufer schleppen, sie dann ins Wasser rollen und dort zusammenbinden. Fünfzehn für jede Lage, drei Lagen insgesamt – und dann das Ganze noch ein zweites Mal. Fast hundert Baumstämme rollen, stemmen und verknoten wir zu zweit – Muskelkater ist vorprogrammiert.

»Wie ging gleich noch mal der Knoten?«, frage ich.

»Keine Ahnung«, kommt die Antwort meiner Mitstreiterin.

Ing Marie muss also einspringen und helfen, so wie sie in den folgenden sechs Stunden noch mehrmals einspringen und helfen muss. Ing Marie ist die Chefin von »Vildmark i Värmland«. Sie ist es, die unsere Floßfahrt organisiert.

Stunden später schwimmt unser selbst gebautes Floß vor uns im Wasser. Eigentlich haben wir sogar zwei Flöße gebaut, die miteinander verbunden sind. Auf dem einen steht ein Zelt, auf dem anderen werden wir den Tag verbringen. Sechs Meter lang und drei Meter breit ist unser Heim. Aufgeregt stehen wir davor und können es kaum erwarten, es in Besitz zu nehmen. Erst aber muss der Proviant verladen werden. Wir spielen den Essensplan für die nächsten Tage durch: Nudeln, Reis, Knäckebrot, Käse und Hartwurst. Noch wichtiger: Wie viel Bier werden wir brauchen? Und: Soll der Rotwein auch aufs Floß? Schlafsack, Kocher und Matte – wir sind schnell abfahrbereit. Wasserdicht verpacken brauchen wir nichts. Strudel, Stromschnellen oder andere Gefahren erwarten uns keine. Schneller als zwei Stundenkilometer wird unser Floß nicht sein. »Wie schnell ihr wirklich seid, hängt vom Wind und von der Strömung ab«, erklärt Ing Marie und rät: »Lasst euch einfach treiben.«

Dass es so gemächlich zugeht, liegt am Menschen. Obwohl der Klaraälv einen naturbelassenen Eindruck macht, reguliert an seinem Oberlauf ein Staudamm den Wasserzufluss. Der sorgt dafür, dass die Fließgeschwindigkeit unabhängig vom Wetter und den Jahreszeiten nahezu konstant bleibt.

»So eine Reise auf dem Floß empfehle ich nicht jedem«, sagt Ing Marie, »man hockt nämlich recht eng aufeinander.« Sie hat Paare erlebt, die sich nach einer solchen Fahrt trennten. »Auf dem Floß hast du viel Zeit für dich selbst, und wenn du dann Probleme mit dir oder dem anderen hast, kommen die garantiert hoch.« Für die meisten ist eine Floßfahrt aber eine Reise zu sich selbst – und zwar im positiven Sinne. Sie genießen es, endlich wieder Zeit zu haben, um nachzudenken, zu lesen, zu träumen und einfach zu schauen und nichts zu tun. Oder eben auch Zeit für und mit dem Partner zu haben. Eine Floßfahrt ist Urlaub vom Alltagsstress.

Viertausend Gäste schickt Ing Marie Junier jährlich den Klaraälv hinab. Es gibt auch ein Konkurrenzunternehmen, bei dem man nicht selbst bauen muss, sondern den Fluss auf Hartplastikflößen hinabtreibt. Für Ing Marie ist das nichts. »Stellt euch vor, ihr kommt nach vielen hundert Kilometern Auto-Anreise hier an und fahrt dann gleich los. Da habt ihr doch gar keine Zeit runterzukommen und abzuschalten. Bei uns gehört der Floßbau mit zum Erlebnis«, sagt sie resolut. Ich stimme ihr zu, obwohl meine Oberarme am nächsten Tag vorsichtig widersprechen. Viele Gruppen melden sich sogar hauptsächlich wegen des Floßbaus an. »Selbst Managerseminare haben wir schon durchgeführt«, sagt Ing Marie. »Hier wird den Leuten klar, dass man nur in Zusammenarbeit etwas erreichen kann.« Sie hat Anzugträger aus Führungsetagen erlebt, die hier knietief im Wasser standen und Stämme zusammenknoteten – und merkten, dass sie auf die Hilfe des Kollegen angewiesen waren, den sie im Büro immer als lästige Konkurrenz betrachtet hatten. »Für das Team ist das klasse«, erklärt Ing Marie. Deswegen zählen auch Schulen zu ihren Kunden. Problemkids erfahren dann im Prinzip dasselbe wie Manager: Gemeinschaftsgefühl.

Heute sind aber weder Manager noch Schulklassen hier. Nur ein holländisches Ehepaar mit zwei Kindern beginnt seine Flussfahrt zeitgleich mit uns.

Irgendwann sind wir endlich unterwegs. Ruhig gleitet unser Floß dahin. Anfangs trauen wir dem Frieden nicht und versuchen unserem Untersatz mit Paddel oder Stakstange die gewünschte Richtung zu geben. Noch verhalten wir uns wie Zivilisationsmenschen, die glauben, dass die Natur ohne ihr Zutun nicht funktioniert. Bald aber gewinnen wir Vertrauen in unseren Fluss. Beginnen zu verstehen, dass er ein Freund ist, der uns sicher befördern wird. Auch wenn wir scheinbar auf einen Felsen zusteuern oder aufs Ufer zutreiben, leitet uns die Strömung wie von Wunderhand geführt kurz vor einem Zusammenstoß von dem Hindernis weg. Der Klaraälv ist aber kein lauter Freund, der sich aufdrängt. Er gehört zu der ruhigeren Sorte, ist einer von denen, die man anfangs sogar für ein bisschen langweilig hält. Lernt man ihn dann näher kennen, stellt sich heraus, dass er viel zu bieten hat.

Wirklich Spektakuläres sehen wir nicht während der vier Tage auf dem Floß. Die weiten Wälder Värmlands säumen die Ufer, ab und an tauchen ein paar rote Häuser auf, sehen wir Kühe auf der Wiese oder hören ein Auto in der Ferne. Manchmal stören wir ein paar Enten oder scheuchen Gänse auf, die wütend und zeternd davonfliegen. Auch Biber sollen am Fluss leben, die aber bleiben uns verborgen. Wahrscheinlich, weil wir bald den Ausguck vernachlässigen und unseren Gedanken nachhängen. Wir reden über Gott und die Welt, träumen vor uns hin, schmieden Pläne, schaffen auch einige Seiten des Buches, das wir mitgenommen haben. Am »anstrengendsten« ist die Suche nach dem abendlichen Schlafplatz. Sollen wir hier auf der Sandbank zelten oder dort drüben auf der Wiese oder vielleicht doch noch die nächste Biegung abwarten und erst dann an Land gehen? Die Welt wird auf die wirklich wichtigen Fragen reduziert.

Und die Welt bleibt draußen

Urlaub im Ferienhaus

Die Essensvorräte gehen zu Ende. Jetzt ist Kriegsrat angesagt. Das nächste Lebensmittelgeschäft liegt fünfzig Kilometer entfernt, und einige von uns müssen sich mit einer langen Einkaufsliste ausgestattet auf den Weg machen. Seit fünf Tagen wohnen wir in einem schwedischen Sommerhaus, einer *stuga*. Wir sind gewandert und geschwommen, haben Pilze und Beeren gesammelt, sind mit dem Kanu über den See gepaddelt. Außerdem haben wir gegessen, getrunken und dabei die Zeit vergessen. Und plötzlich war der Kühlschrank leer.

Keiner von uns will seinen Urlaub unterbrechen und die weite Fahrt zurück in die Zivilisation antreten. Und so wird gelost. Das kürzere Zündholz schickt zwei unserer Freunde auf den Weg und wir, die wir im Haus zurückbleiben dürfen, können das tun, was wir bisher auch getan haben – wandern, schwimmen, Beeren sammeln …

Der eine besteigt den Himalaja, ein anderer schippert den Amazonas hinauf oder wandert durch die Wüste Gobi. Überall auf dem Globus warten Abenteuer.

Für einige Menschen finden die wahren Abenteuer aber im Kopf statt. Sie brauchen nicht den Kick von außen. Sie sind sich selbst genug – und damit die perfekten Kunden für die Ferienhausanbieter.

Immer mehr Deutsche verbringen ihren Urlaub in einer *stuga* in Schweden. Bei manchen geht die Faszination, die die roten Holzhäuser mit weißem Rand auf sie ausüben, sogar so weit, dass sie sich ihr eigenes Haus im Norden kaufen. Freiheit, kein Stress, unberührte Natur und freundliche Nachbarn, die wiederum aber ausreichend weit genug entfernt wohnen, um nicht zu nerven. Das sind Argumente, die man häufig hört, wenn man nach der Motivation für den Hauskauf in Schweden fragt. Zudem sprechen auch ganz handfeste Gründe dafür, den Traum vom Sommerhaus nicht auf später zu verschieben. Wer deutsche Preise zugrunde legt, hält Schweden für Rudis Resterampe auf dem Immobilienmarkt. Dort muss man mitunter so wenig bezahlen, dass man misstrauisch nach einem Haken sucht. Doch während man bei Rudi in manchem T-Shirt wirklich ein Loch findet, gibt es an schwedischen Ferienhäusern in der Regel nichts auszusetzen. Außer dass der nächste Lebensmittelladen fünfzig Kilometer entfernt liegt.

Als unsere Expedition zurückkehrt, wird sie mit großem Hallo empfangen. Etwas Zivilisation, in Form von frischem Gemüse, Joghurt, Käse, Wurst und Brot, ist nicht zu verachten. Ein Sonderlob gibt es für die gute schwedische Schokolade, die nicht auf dem Zettel stand, aber trotzdem den Weg in den Einkaufswagen fand. Das Beste an dem frisch gefüllten Kühlschrank ist aber die Vorstellung, dass eine weitere Woche vor uns liegt, in der die Probleme draußen bleiben müssen. Die ersten Tage hatten wir über den Fernseher noch schlechte Nachrichten hereingelassen, doch irgendwann haben wir auch diese Verbindung nach außen gekappt. Die Glotze blieb aus, die Fernbedienung im Schrank. Soll die Welt doch machen, was sie will – zumindest während unseres Urlaubs im schwedischen Ferienhaus.

Unser Haus erzählt die Geschichte seines Besitzers. Anders als beispielsweise in Dänemark, gibt es in Schweden kaum Ferienhausparks. Hier wohnt man in der Regel in einem Ferienhaus, das der Vermieter selbst nutzt, wenn er keine Gäste hat. So lebt man mitten in seinen Erinnerungen. Unser Vermieter heißt Staffan und ist Jäger. Ein riesiger Elchkopf grinst uns von der Wand an, gestickte und gemalte Elchbilder zieren die Tapete, und im Regal steht eine geschnitzte Elchfigur. Auch ein Fell liegt am Boden, das stammt allerdings von einem Rentier.

Der Kontakt zum Vermieter ist im Preis inbegriffen. Er besucht uns jeden Abend zu einem kleinen Plausch, lässt sich unseren Wein schmecken und erzählt im Gegenzug Interessantes über Abschussquoten und Jagdzeiten. Von ihm wissen wir, dass Elche nur Anfang Oktober – und auch nur in beschränkter Zahl – gejagt werden dürfen.

Dann sind bei Staffan vor allem deutsche Jäger zu Gast, die den Elchkopf in der Hütte als Ansporn für die eigene Trophäenjagd sehen. Richtige Elchjäger interessierten sich aber nur für das Fleisch, und davon bringt Staffan im Laufe einer Jagdsaison siebzig bis hundert Kilo mit nach Hause. Jetzt wird uns auch klar, welchen Zweck die überdimensionierte Kühltruhe in der Küche hat. Ferienhäuser in Schweden verraten eben viel über ihre Besitzer.

Für die Einheimischen ist der allsommerliche Umzug ins Sommerhaus eine Art Ritual, das einfach nicht wegzudenken ist. Jeder fünfte Schwede besitzt ein Sommerhaus. Und die übrigen schlüpfen bei den Eltern, beim Bruder, bei der Schwester oder dem Freund unter. Wer sein Haus an Touristen vermietet, bietet ihnen allen Luxus. Auch unser Haus ist neben dem kaltgestellten Fernseher mit Kühlschrank, Mikrowelle und sogar Sauna ausgestattet. Die meisten Schweden aber ziehen Einfachheit in den Ferien vor. Sind auch gerne bereit, das Wasser aus dem nahen See zu schöpfen – Trinkwasserqualität ist garantiert. Und wozu braucht man elektrisches Licht, wenn die Sonne ohnehin nicht untergeht? Gekocht wird auf dem Holzofen, und als Toilette dient ein Plumpsklo, das in diskretem Abstand im Wald versteckt steht. Gerade der Verzicht macht den Reiz aus. Einer meiner schwedischen Freunde besitzt ein Ferienhaus, das nur zehn Autominuten von seiner Wohnung entfernt liegt. Mitte Juni zieht er mit Frau und Kind in den Wald um. Dort lebt er zwei Monate lang ein einfaches Leben. In seine Stadtwohnung fährt er auch dann nicht zurück, wenn es draußen schüttet und es in seiner Hütte empfindlich kalt wird.

Warum er denn nicht wenigstens eine warme Dusche einbaue, frage ich ihn. Er blickt mich verständnislos an und sagt dann nur: »Dann wäre es doch kein Urlaub mehr.«

Burgfräulein und stolze Ritter

Beim Mittelalterfestival in Visby

Lisbeth sitzt konzentriert an ihrer Nähmaschine. Den Kopf hat sie tief über den Stoff gebeugt, die Nadel flitzt hin und her. Lisbeth arbeitet an dem Kleid für ihren großen Auftritt. Anfang August ist es so weit – dann feiert die ganze Stadt mit ihr. Nein, Lisbeth wird nicht heiraten. Wie Tausende andere in Visby bereitet sie sich auf das alljährliche Mittelalterfest vor.

Visby zählt zweiundzwanzigtausend Einwohner und ist die Hauptstadt Gotlands. »Sonneninsel« nennen sie die Schweden, oder auch »Insel der Rosen«, weil das Klima so mild ist wie nirgendwo sonst im Drei-Kronen-Reich. Hier verbringt der König jedes Jahr seinen Urlaub, und die Politikprominenz aus Stockholm trifft sich an diesem Ort immer im Juli zu »Sommergesprächen«.

Gotland ist aber auch die Ferieninsel der »normalen« Schweden. Die Jungen machen hier die ohnehin kurzen Sommernächte zum Tage, und die Älteren verleben entspannte Wochen im Ferienhaus. Die Saison ist jedoch kurz, und weil Industrie fehlt, zählt Gotland zu den ärmeren Regionen Schwedens. Vor sechshundertfünfzig

Jahren, im Mittelalter, war das anders. Damals gehörte Visby zu den reichsten Städten Europas. Die Stadt war der ideale Stützpunkt für die deutschen Kaufleute der Hanse, um von hier aus den Handel mit Russland zu betreiben.

Damals musste an nichts gespart werden. Diesen einstigen Reichtum sieht man Visby noch heute an. Hinter der dreieinhalb Kilometer langen Stadtmauer drängen sich edle Bürgerhäuser eng aneinander. Selbst die Bauern waren wohlhabend. Während ihre »Kollegen« in Süd- und Mitteleuropa unter der Fron der Leibeigenschaft schufteten, führten sie ihre Höfe in Eigenregie. Sie lebten sehr gut von dem, was Land und Meer hergaben, und jede noch so kleine Gemeinde hatte ihr eigenes, reich verziertes Gotteshaus. Unglaubliche hundert Kirchen wurden auf der Insel zwischen dem späten 12. und dem frühen 14. Jahrhundert erbaut. Während man andernorts die Kirchengröße anhand der Einwohnerzahl bemaß, war in Gotland allein die Dicke des Geldsäckels der jeweiligen Gemeinde ausschlaggebend. Und da der überall gut gefüllt war, fassen die Gotteshäuser auf der Insel in der Regel mehr Gläubige, als der Ort Einwohner hat.

Eigentlich hätte die Insel ein kleines Paradies inmitten der Ostsee sein können. Doch die Menschen lagen miteinander im Streit. Stadt und Land – Visby und die Dörfer der Insel – waren keine Verbündeten im Kampf gegen äußere Feinde, sondern bekämpften sich gegenseitig. 1361 machte sich der dänische König Waldemar Atterdag auf, um die Insel zu erobern. Er hatte leichtes Spiel: Als er mit seiner hochgerüsteten Armee die gotländischen Bauernsoldaten niedermetzelte, kamen die Stadtbewohner ihren Landsleuten nicht zu Hilfe. Von den sicheren Wehrgängen der Stadtmauer aus sahen sie dem Blutbad tatenlos zu. Später handelten sie dann mit den Dänen die kampflose Übergabe ihrer Stadt aus und wurden von diesen im Gegenzug verschont. Außerdem sollten sie auch ihre Handelsprivilegien behalten. Unter welcher Herrschaft sie Geld verdienen konnten, war den reichen Pfeffersäcken egal.

Mit dem Einzug der Dänen begann aber der Niedergang Gotlands. Die Versprechungen, die sie den Kaufleuten gemacht hatten, hielten sie nicht ein, und so verarmte Visby in der Folgezeit ebenso wie die Dörfer. Auf grausame Weise wurden damit die Unterschiede zwischen Stadt und Land, die ja so lange für Konflikte auf der Insel gesorgt hatten, aufgehoben.

1361 war das schwärzeste Jahr in der Geschichte der Insel, und es gäbe sicher schönere Anlässe, an die man Jahr für Jahr mit einem großen Fest erinnern könnte. Doch die damaligen Kämpfe liegen weit zurück und dienen heute nur noch als farbenfroher Hintergrund für das Mittelalterfestival.

Eine Woche lang geht dann die ganze Stadt auf eine Zeitreise zurück ins Mittelalter. Die Bankangestellte verwandelt sich in ein Ritterfräulein, der Lehrer in einen Knappen, und der Hausmeister wird zum dänischen Soldaten.

Lisbeth, die bei einer Versicherung arbeitet, hat wie jedes Jahr für diese Zeit Urlaub eingereicht. Das ist reine Formsache, denn auch ihr Chef und ihre Kollegen sind in Sachen Mittelalter aktiv. Anfang August bleibt das Büro geschlossen.

Die alten Häuser mit ihren Treppengiebeln bilden heute wie damals die perfekte Kulisse für das Gewusel auf den Straßen. Wortfetzen, Lachen und Kindergeschrei vermischen sich mit dem Klappern von Hufen; an der Ecke hämmert ein Schmied glühendes Eisen, daneben schlägt der Böttcher Bänder um ein Fass. In der Nebenstraße hat ein Barbier seinen Laden aufgemacht. Gut, dass wenigstens er keinen Wert auf hundertprozentige historische Authentizität legt, denn seine Kollegen im Mittelalter ließen ihre Kunden noch zur Ader und rissen ihnen eiternde Zähne. Der alte Mann, dem der Barbier gerade den Bart stutzt, kann sich also sicher fühlen.

Wenige Tage nach meiner Ankunft schlendere ich mit Lisbeth durch die Straßen. Sie bleibt mal hier, mal da stehen, prüft an den Ständen das Angebot oder fachsimpelt mit den Verkäufern. Dabei lässt sie sich Zeit. Denn eigentlich will sie vor allem gesehen werden. Sie genießt es, wenn sie mit ihrem roten Kleid auffällt. Lange genug hat sie daran gearbeitet. Im Laufe der Jahre hat sich die Neunundzwanzigjährige zu einer regelrechten Mittelalterexpertin entwickelt. Sie weiß genau, wie die Kleider damals ausgesehen haben. Mit kritischem Blick mustert sie die »Mägde«, die uns auf der Straße entgegenkommen. Wenn ich dann ein leises »Oh mein Gott« aus ihrem Mund höre, kann ich sicher sein, dass die andere gegen den Bekleidungskodex verstoßen hat, in einem billigen Fantasiekostüm unterwegs ist – oder sich schlichtweg in ein paar Details geirrt hat. Das passiert nicht, wenn man sich wie Lisbeth die Schnitte aus dem »Modehuset Medeltiden« besorgt. Dort kann man auch Kleider kaufen oder leihen. Wohl nur in wenigen anderen Städten der Welt gibt es wie in Visby ein Geschäft, das ausschließlich Mode aus der Zeit zwischen dem 11. und dem 16. Jahrhundert vertreibt. Wer die Kollektion aus dem »Modehaus des Mittelalters« trägt, ist auf dem Festival bestens gekleidet. Falsche Kleidung kommt allenfalls bei Touristen vom Festland vor. Der Gotländer ist geschichtssicher und entsprechend gekleidet.

Bengt ist Tourist. Er ist zum Fest extra aus Stockholm angereist, ist diesmal aber noch in Zivil unterwegs. Eine Armbrust hat er sich zwar schon gekauft, wie man damit umgeht, muss er aber noch lernen. Das wird er während des Festivals – den Kurs »Wie schieße ich eine Armbrust?« hat er bereits belegt. Auch für den Lehrgang »Rüstungsbau« hat sich Bengt schon angemeldet. Vielleicht schlendert er dann im nächsten Jahr im selbst gemachten Kettenhemd durch die Cafés in Visby … und begegnet Lisbeth. Wer weiß? Das hübsche Burgfräulein wartet noch auf ihren Ritter.

Bunte Pferde

Ein Nationalsymbol aus Holz

Bill Clinton hat einen, Elvis Presley hatte einen, Frank Sinatra und Yassir Arafat auch. Die Rede ist von einem *dalahäst*, einem Pferd aus Dalarna. Nein, kein lebendiges Pferd. Es ist aus Holz, rot oder blau bemalt und reich verziert. Mehr noch: Dalapferde sind eines der schwedischen Nationalsymbole, und deswegen erhält Lasse Olsson auch des Öfteren Bestellungen der Regierung – die Holztierchen sind das ideale Geschenk für Staatsgäste.

Lasse Olsson gehört die »Dalapferdefabrik« in Nusnäs in der Provinz Dalarna. Er ist der Sohn von Jannes Olsson, dem Erfinder der Holzpferde. 1928 hat dieser zusammen mit seinem Bruder Nils sein erstes Holzpferd geschnitzt. Gerade erst fünfzehn und dreizehn Jahre alt waren die beiden damals, und doch schon die ersten professionellen schwedischen Holzpferdehersteller. »Anderes gab es damals auf dem Land auch nicht zu tun«, stellt Lasse Olsson trocken fest.

Geschnitzt wurde in Schweden natürlich schon früher – die ältesten bekannten Holzpferde stammen aus dem 18. Jahrhundert. Auch diese Figuren entstanden in Dalarna. Damals wie heute überzogen riesige Wälder das Land. Und damals wie heute war Holz der wichtigste Rohstoff der Region. Oft aber lagen viele Kilometer zwischen den Einschlaggebieten und den Dörfern, in denen die Holzfäller wohnten. Die Männer blieben deswegen oft wochenlang im Wald und hausten dort in winzigen Hütten. Abends nach getaner Arbeit gab es nicht viel Abwechslung. Wer mehr machen wollte als ins Herdfeuer zu starren, dem blieb nur die Schnitzerei. Pferde waren das beliebteste Motiv. Vielleicht, weil sie als Arbeitstiere die Holzfäller in den Wald begleiteten. Vielleicht aber auch, weil Pferdefiguren so herrlich einfach zu schnitzen sind. Wenn dann der Vater aus dem Wald nach Hause kam, reichte er den Kindern die groben Holzpferde als Geschenk. Irgendwann hatte vermutlich eine schwedische Mama Angst, ihr Kind könnte sich an dem groben Schnitzwerk verletzen, und bemalte ein solches Pferd – der Vorläufer des Dalapferdes war geboren.

Auch heute ist die Herstellung eines *dalahästs* noch Handwerk, allerdings wird ein Pferd nicht mehr nur von einer Person hergestellt, sondern es muss eine ganze Reihe von Arbeitsschritten durchlaufen, bevor es fertig ist. Zuerst werden die Umrisse der Pferdefiguren auf Holzblöcke aufgestempelt, dann mit der Stichsäge ausgesägt. Erst wenn die Grobform festgelegt ist, kommt das Schnitzermesser zum Einsatz. »Diese Feinarbeit erledigen für uns ungefähr fünfzig Rentner in Heimarbeit«, sagt Olsson. Dalapferdschnitzer sind in der Region angesehene Leute, und in manchen Familien wird der Beruf von Generation zu Generation weitervererbt. Anders als sonst übernehmen hier aber nicht die Jungen das Geschäft, sondern die Alten. Denn erst wer aus dem Berufsleben ausgeschieden ist, wird Pferdeschnitzer.

Sobald die Holzpferde von ihrem Ausflug zu den Schnitzern zurück sind, bekommen sie ihre Farbe. Zuerst wird die Grundfarbe aufgetragen, dann werden die Details aufgemalt, und schließlich sorgt ein Schutzlack dafür, dass die Farbe später nicht wieder abblättert. Es braucht schon seine Zeit, bis ein Dalapferd fertig ist und in den Verkaufsraum hinausgaloppieren kann.

Wie aber kam es eigentlich, dass aus den Holzpferden von Jannes und Nils solche Verkaufsschlager, sie gar zu einem nationalen Symbol wurden? Lasse Olsson schüttelt den Kopf ob meiner Frage, lacht und fordert mich auf: »Die nächste Frage, bitte.« Nicht einmal der Herr der schwedischen Holzpferde kennt die Antwort. Die Dalapferde sind zwar durchaus schön anzusehen, aber genau genommen eben doch nicht mehr als rot oder blau angemalte Holzfiguren. Hunderttausend verkauft Olsson davon jedes Jahr, und die gleiche Menge bringen auch die Cousins aus dem Laden gegenüber unters schwedische Volk. Rein rechnerisch müsste eigentlich in jedem schwedischen Wohnzimmer ein Dalapferd stehen. Um die Nachfrage anzukurbeln, hat der geschäftstüchtige Olsson deswegen sein Sortiment erweitert. Inzwischen gibt es nicht nur rote und blaue Pferde, sondern auch weiße und schwarze. Der neueste Verkaufsschlager sind aber hellblaue und rosa Pferdchen. Die sollen zur Taufe verschenkt werden – ein nahezu unerschöpflicher Markt.

Schon lange gibt es die Pferde in den unterschiedlichsten Größen: winzig kleine Ohranhänger und auch mannshohe Zierfiguren für den Vorgarten. Seit einiger Zeit stellt Olsson außerdem Hähne und Schweine her. Bis jeder Schwede neben seinem Pferd einen Hahn und ein Schwein im Regal stehen hat, vergehen sicher noch einige Jahre. Bis dahin hat Lasse Olsson ausgesorgt – und seine Cousins auch.

Elche stellt Olssons Werkstatt nicht her. Und das, obwohl die bei den Touristen sehr gut ankämen. Die nämlich »wollen immer nur Elche«, sagt Olsson schmunzelnd. Wegen des großen Geweihs sind Elchfiguren aber nur sehr schwer zu schnitzen. »Wir haben das hier schon ausprobiert, aber die Geweihe sind immer wieder kaputtgegangen«, erzählt er von dem zunächst gescheiterten Versuch der Betriebsexpansion. Um seine ausländischen Kunden zufriedenzustellen, hat er dennoch neben Elch-T-Shirts, Elchschnapsgläsern, Elchvorhängen oder Elchschürzen auch ein paar Elchfiguren in sein Sortiment aufgenommen. Produziert wurde das Ganze, sagt der Alte, »irgendwo im Osten«.

Elche

Auf der Suche nach dem Lieblingstier der Touristen

Vielleicht war es keine gute Idee, mit jemandem, der Björn heißt, auf eine Elchsafari zu gehen. *Björn* bedeutet auf Schwedisch Bär, und der ist nach dem Menschen und dem Wolf der größte Feind der Elche. Seit gut einer Stunde fährt uns Björn in seinem Kleinbus über einsame Waldstraßen und wird nicht müde zu betonen, dass hier in Dalarna die meisten Elche in Schweden leben. Im ganzen Land gibt es mehr als dreihundertfünfzigtausend davon, aber kein einziger lässt sich blicken. Wir sind in der Dämmerung unterwegs, der Tageszeit, in der angeblich die Tiere aus dem dichten Wald herauskommen, um auf den Lichtungen zu fressen. Björn spekuliert über ein Wolfsrudel, das sich in der Gegend aufhalte und die Elche vertrieben haben könnte. Auffällig oft erzählt er auch, dass Elche wilde Tiere seien, die nicht immer unbedingt dort auftauchten, wo man es gerne hätte. Ich zweifle zunehmend an Björn und der Existenz seiner Elche.

Irgendwo aber müssen sie sein. Denn viele Touristen fahren nur deswegen nach Schweden, um einen Elch zu sehen. Und einigen scheint dies auch gelungen zu sein. Vermutlich waren diese

Menschen aber nicht mit Björn unterwegs. Warum lieben die meist deutschen Touristen die Elche so? Liegt es an den großen Kuschelohren oder der weichen Schnauze, die der Elch, scheinbar ständig kussbereit, in den Wind hält? Beides – die Ohren wie der Mund – dient eigentlich einem ganz anderen Zweck als dem, süß auszusehen. Als Waldtier ist der Elch auf sein Gehör und damit auf große Lauscher angewiesen. Und mit der Muffel, wie der Fachmann die Schnauze bezeichnet, schält er die Rinde vom Baum.

Wahrscheinlich müsste man Psychologen bemühen, um herauszufinden, was Deutsche an Elchen derart begeistert. Auf jeden Fall ist es eine Faszination, die Schweden nicht nachvollziehen können. Für sie ist der Elch eine ganz normale Hirschart, deren einzige Besonderheit ihre Größe ist: Elchbullen können nämlich bis zu fünfhundert Kilo schwer und bis zu zwei Meter zwanzig groß werden. Zumindest in Europa. Nordamerikanische Exemplare sind noch schwerer und größer.

Während die Schweden die meiste Zeit des Jahres über die Elchbegeisterung der Touristen nur milde lächeln, verwandeln sie sich im Oktober selbst in Elchverrückte. Dann beginnt die Jagdsaison, und alle schwedischen Männer verschwinden im Wald. Die Elchjagd ist *das* Ereignis des Jahres, das selbst der König niemals verpasst. Wer es irgendwie einrichten kann, nimmt sich zu dieser Zeit Urlaub – und geht mit dem Gewehr in der Hand auf die Pirsch.

Beerensammler und Wanderer, die dann unterwegs sind, tun gut daran, sich mit einer roten Signaljacke deutlich als »Nicht-Elch« zu kennzeichnen. Immer wieder kommt es zu Jagdunfällen. Vor einigen Jahren erschoss beispielsweise ein achtzigjähriger Waidmann einen Beerensammler. Zu seiner Entschuldigung brachte der rüstige, aber stark kurzsichtige Veteran vor, er sei sich sicher gewesen, dass es sich bei seinem Opfer um einen Elch gehandelt habe.

Bei der Mehrzahl der zur Strecke Gebrachten handelt es sich aber tatsächlich um Elche. Neunzigtausend Tiere werden allein während einer Jagdsaison geschossen, ohne dass sich dadurch ihr Gesamtbestand wesentlich verringert.

Die Touristen leben ihre Begeisterung für Elche auf andere Weise aus. Sie kaufen Elchlosung im Glas oder Papier, das daraus hergestellt wurde. Und die wirklichen Fans hängen sich die kleinen Köttel sogar an der Schnur aufgezogen als Kette um den Hals. Oder sie klauen Verkehrsschilder, die vor Elchen auf der Straße warnen. Mit dem Schraubenzieher bewaffnet, machen sie sich dann über die Elche auf dem Blech her – um das Straßenschild dann nach der Rückkehr aus dem Urlaub wie eine echte Trophäe im Partykeller aufzuhängen. Diese Jagdlust, mag sie zunächst auch unblutig erscheinen, ist nicht ungefährlich: Die Schilder warnen nämlich vor einer durchaus realen Gefahr. Unfälle mit Elchen passieren recht häufig. Über zweitausend folgenschwere Kollisionen zwischen Mensch und Tier werden jährlich gezählt. Ernsthafte Verletzungen sind bei solchen Zusammenstößen die Regel. Ein schwedischer Elchjäger hat mir einmal erzählt, dass die Mitarbeiter der Straßenverkehrsämter die neuen Schilder, bevor sie sie aufstellen, an mehreren Stellen anbohren. Damit sollen sie für potenzielle Diebe unattraktiv werden.

Björn braucht heute kein Elchwarnschild, denn wo kein Elch ist, ist auch die Warnung überflüssig. Meine Zweifel an der Existenz von Elchen verstärken sich immer mehr. Kann es sein, dass sie nur eine Erfindung der schwedischen Tourismusindustrie sind, um Urlauber ins Land zu locken? Wieder fahren wir langsam an einer Lichtung vorbei. Björn erklärt uns, dass der Mensch durch die vielen Kahlschläge ideale Lebensbedingungen für Elche geschaffen hat. Dort finden sie ihre Lieblingsspeise im Übermaß: kleine leckere Sprösslinge. »Sie müssen jetzt ganz genau hingucken«, ermahnt er uns immer wieder. Wir, das sind vier Deutsche und zwei Holländer. Unsere Gruppe könnte typischer nicht sein. Denn eigentlich melden sich immer nur Deutsche und Holländer zu Elchsafaris an. »Schweden sind unter unseren Gästen sehr selten, die sehen genug Elche vor ihrer Haustür«, sagt Björn. Ich möchte wissen, wo die ihre Haustüren haben. Hier jedenfalls nicht.

Inzwischen ist es schon ziemlich spät, und wir sechs haben jede Hoffnung aufgegeben, jemals einen Elch zu sehen. Björn offenbar auch, denn er hat sich inzwischen darauf verlegt, uns deren Spuren zu zeigen. Sobald er eine auf dem Waldweg zu erkennen glaubt, hält er an und fordert uns auf auszusteigen, um den Waldboden genau ins Visier zu nehmen. »Elchspuren ähneln denen eines Pferdes«, erklärt er, nur seien die Abdrücke vorne offen. Während wir uns wie fährtensuchende Indianer über die Spur beugen, überquert keine zwanzig Meter entfernt eine Elchkuh mit ihrem Jungen seelenruhig den Weg. Wir hätten die beiden nicht gesehen, und Björn auch nicht. Aber Björns Sohn gibt Alarm. Er hat uns auf unserem Ausflug begleitet, und weil für ihn Elchspuren im feuchten Erdreich nichts Besonderes mehr sind, war er aus Langeweile im Auto sitzen geblieben. Hektisch greife ich nach meiner Kamera und drücke ab. Die Elchkuh lässt sich dadurch nicht beeindrucken, sie bleibt sogar für einen Moment stehen und schaut mich neugierig an. Dann trabt sie langsam weiter, ihr Kleines im Schlepptau. Als ich die Ausbeute der Fotojagd im Display meiner Digitalkamera begutachte, zeigen sich nur verschwommene Bilder. »Schon zu dunkel«, stellt einer der Mitreisenden fest und tröstet mich mit einem »bei mir sieht es genauso aus«. Zufrieden ist nur seine Tochter: »Für den Beweis in der Klasse, dass ich einen Elch gesehen habe, reicht es«, sagt sie mit triumphierendem Unterton in der Stimme.

Als sei ein Fluch von uns genommen, tauchen jetzt fast im Minutenabstand weitere Elche auf. An der nächsten Lichtung entdecken wir wieder zwei Tiere. »Einjährige«, erklärt Björn, »Bruder und Schwester.« Ich erkenne keinen Unterschied der Geschlechter, für mich sehen beide gleich aus. Etwas später steht dann ein richtig kapitaler Bulle mit riesigem Geweih neben der Straße. Den identifiziere selbst ich als eindeutig männliches Tier. »Wie alt ein Elch ist, kann man an der Größe des Geweihs nicht eindeutig erkennen«, sagt Björn. Um das Alter herauszufinden, müsse man das Tier erschießen und ihm einen Backenzahn aus dem Gebiss herausbrechen. Wie ein Baum weist ein Elchzahn Jahresringe auf. Mit diesem Wissen interessiert uns das Alter des Elchbullen dann doch nicht mehr so brennend.

Zum Abschluss unserer Tour begegnen wir noch einer letzten Elchkuh, die ihre zwei Jungen dicht bei sich hat. Die kann ich aber nur noch erahnen. Inzwischen hat sich die Dunkelheit übers Land gelegt, und wären die Tiere Sekunden später nicht weggelaufen, hätte man ihre Umrisse auch für umgefallene Bäume halten können.

»Acht Tiere haben wir gesehen«, bilanziert Björn schließlich. Das sei der neue Rekord für dieses Jahr, erzählt er stolz. Da hat er Glück gehabt – so braucht er seinen Namen wenigstens nicht zu ändern.

Schwarzer Elch auf gelbem Grund

Ein »Kunstwerk« erobert die Herzen

Als ich das erste Mal über ihn las, war er bereits tot. Der Zeichner Kåge Gustafson starb im August 2006 im Alter von neunundachtzig Jahren. In Deutschland kennt ihn niemand. Dabei kommt kein anderer schwedischer Künstler dem Geschmack deutscher Touristen so nahe wie er. Er hat das Kunstwerk geschaffen, das wir mit Schweden in Verbindung bringen und das wir am meisten lieben: das Elchwarnschild – schwarzer Elch auf gelbem Grund, rot umrahmt.

Kåge Gustafson war kein gewöhnlicher Zeichner, er war ein Künstler in höherem Auftrag – er malte für die Sicherheit der Menschen. Gustafson war Angestellter des Schwedischen Straßenverkehrsamts und hat Zeit seines Lebens mehr als zweihundert Verkehrsschilder entworfen. In Schweden ist Gustafson noch für ein weiteres Meisterwerk bekannt – das Hinweisschild auf den Zebrastreifen. Auf ihm überquert ein schnell gehender Mann zielstrebig eine Straße. Dazu benutzt er – einen Zebrastreifen. Das Gleiche zu tun, fordert uns Gustafson in diesem 1955 entstandenen Werk auf. Anfangs ob seiner schlichten Schönheit gerühmt, geriet es Ende der siebziger

Jahre in die Kritik. Auf dem Schild war ein Mann zu sehen. *Nur* ein Mann. Wo war die Frau?, fragte damals das politisch korrekte Schweden. Sollten etwa nur Männer sicher über die Straße kommen?

Und: Sind Frauen weniger wert als Elche?

Bären

Mit Sendern und Kugeln auf der Jagd nach Meister Petz

Ich fahre zusammen mit Andrea Friebe über die Waldwege Dalarnas. Auf dem Dach meines Wagens sitzt eine Antenne, doch der kleine Empfänger, den sie in der Hand hält, rauscht nur lustlos vor sich hin. Ein eindeutiges Zeichen dafür, dass kein Bär in der Nähe ist. Andrea Friebe ist Bärenforscherin, und ich bin mit ihr auf der Pirsch, auf der Suche nach einem der hundertvierzig Bären, die mit einem Sender um den Hals durch die schwedischen Wälder trotten.

Wir sind zwanzig Minuten unterwegs, als wir endlich das erste Signal hören: Ein regelmäßiges leises Klopfen. Auf ein Zeichen der jungen Forscherin hin halte ich den Wagen an, von jetzt an geht die Bärensuche mit der Handantenne weiter – die ist genauer. Andrea Friebe steigt aus, läuft einige Schritte in den Wald hinein und hält die Antenne über den Kopf. Sie dreht sich langsam um die eigene Achse. Positioniert die Antenne mal tiefer, mal höher. Erst schweigt das Empfangsgerät in ihrer Hand, dann piepst es schüchtern, und schließlich gibt es laute Töne von sich. »Nuppi ist ganz in der Nähe«, sagt Friebe zufrieden und deutet in die Richtung, in der sie das Tier vermutet. Nuppi ist eine Bärin, trägt ein Sendegerät um den Hals und ist »unfreiwillige« Teilnehmerin eines Forschungsprojekts.

Wie weit sie von uns entfernt ist, kann Friebe nur schätzen. Die Intensität des Piepstons verrät ihr aber, dass es nicht mehr als ein Kilometer sein kann. Um den exakten Standort des Bären herauszufinden, muss man ihn von drei unterschiedlichen Punkten anpeilen. Deswegen steigen wir wieder ins Auto und fahren ein paar Hundert Meter weiter. Nach einem halben Kilometer peilen wir den Bären zum zweiten und nach einem weiteren Kilometer zum dritten Mal an. Friebe trägt die Messkoordinaten in eine Karte ein. Dort, wo sie sich schneiden, befindet sich der Bär. Zumindest theoretisch. Denn während er angepeilt wird, bewegt er sich ja weiter. Nuppi scheint aber eine besonders müde Bärin zu sein. Sie liegt offensichtlich selig schlummernd am Ufer eines Flusses – auch deswegen ist unser Messergebnis ungewöhnlich exakt. »Hier ist Nuppi«, deutet Friebe auf die Karte, »nur dreihundert Meter von uns weg.« Nie hätte ich gedacht, dass man sich einem wilden Braunbären so weit nähern könnte.

»Wenn man hier im Wald spazieren geht oder Beeren pflückt, läuft man ständig so nahe an einem Bären vorbei«, sagt Friebe. Aber begegnen wird man keinem. Dass hier Bären leben, bemerkt man nur an den Spuren, die sie hinterlassen – so man sie denn erkennt. Friebe zeigt mir Kratzspuren an Bäumen, aufgebrochene Ameisenhaufen und Höhlen, in denen die Bären die Monate der Winterruhe verbringen. Wobei das Wort Höhle in einigen Fällen eine ziemliche Übertreibung ist. Manche Bären sind recht bescheiden und begnügen sich mit einem kleinen Loch im Boden oder einem alten Ameisenbau. Einige Männchen bauen sich sogar nur ein Bett aus Zweigen und lassen sich dann zuschneien.

Zweitausendzweihundert Braunbären leben in Schweden. Hundertvierzig von ihnen sind wie Nuppi markiert. All ihre Schritte werden von Andrea Friebe und anderen Bärenforschern überwacht. Das Projekt soll über Wanderwege und Fressgewohnheiten Aufschluss geben. »Außerdem weiß man erst durch unsere Forschung, wie viele Bären es hier überhaupt gibt«, so Friebe. Früher schätzte man die Zahl, und die ging nicht selten völlig an der Realität vorbei. Da anhand der »Bärenvolkszählung« die legale Abschussquote festgelegt wird, ist sichergestellt, dass nie zu viele Tiere getötet werden.

Bevor Friebe aber der Spur der Bären folgen kann, muss man diese mit einem Sender versehen. Die modernen Bärenforscher gehen dazu in die Luft und spüren die Tiere mit dem Helikopter auf. Sobald ein Bär gesichtet wird, senkt der Pilot den Hubschrauber bis auf wenige Meter über ihn ab. Dann ist eine ruhige Hand gefragt. Aus dem fliegenden Helikopter heraus bekommt der davonstürmende Bär mit dem Gewehr einen Betäubungspfeil ins Hinterteil verpasst. Dass das Geschoss auch wirklich dort landet, ist wichtig, denn ansonsten bestünde die Gefahr, das Tier zu verletzen oder gar zu töten. Bei bisher etwa tausend Markierungen sei dies zweimal passiert, erzählt Friebe. Je nach Größe und Gewicht des Bären dauert es bis zu zwei Minuten, bis die Narkose wirkt und er regungslos am Boden liegt. Dann muss alles ganz schnell gehen. Das Markierungsteam springt aus dem Helikopter und nähert sich ihm vorsichtig. Der Bär atmet tief, Speichel tropft ihm aus dem Maul und seine offenstehenden Augen blicken ins Leere. Als Erstes wird er vermessen und gewogen, dann ein kleiner zurückgebildeter Backenzahn gezogen. Der ist wie der menschliche Weisheitszahn ein Überbleibsel aus frühester Evolutionsgeschichte. Der Bär braucht ihn nicht, die Forscher hingegen schon: Anhand von »Jahresringen« im Zahnschmelz können sie später im Labor das Alter des Tieres bestimmen. Zum Schluss bekommt der Bär das Sendehalsband verpasst. Allerdings nur, wenn es sich um ein weibliches Tier handelt. »Seit einiger Zeit forschen wir nur noch an Bärinnen«, sagt Friebe. Männchen legen zu weite Strecken zurück, sodass man ihren Routen nur schwer folgen kann.

Es dauert einige Zeit, bis ein betäubter Bär wieder zu sich kommt. Während er schlummert, wird er von seinen Jägern bewacht. Bären sind eigentlich keine Kannibalen, aber wenn sie einen ihrer Kollegen so wehrlos und attraktiv angerichtet daliegen sehen, können die meisten der Versuchung nicht widerstehen. Deswegen fliegen die Wissenschaftler erst weiter, wenn der markierte Bär davontrottet.

Markieren aus der Luft ist nicht nur schneller, es ist auch sicherer. Früher konnte es für den Schützen fatale Folgen haben, wenn ein Schuss danebenging oder nicht sofort die gewünschte betäubende Wirkung hatte. Sobald sie sich bedroht fühlen, werden Bären nämlich richtig übellaunig. Und dann greifen sie an. Der einzige Mensch, der in den letzten Jahren von einem Bären angefallen wurde, war deswegen auch ein Jäger. Der schoss so miserabel, dass er auch nach mehreren Versuchen noch keinen Blattschuss angebracht hatte. Bevor der schwer verletzte Bär verendete, griff er an und tötete den Jäger.

Solange man sie aber nicht reizt, sind die schwedischen Braunbären für den Menschen ungefährlich. Unprovozierte Angriffe gab es bisher noch nie. »Bären werden in Schweden schon lange gejagt und haben deswegen gehörigen Respekt vor uns«, erklärt Andrea Friebe. »Sie fürchten sich mindestens genauso vor uns, wie wir uns vor ihnen.«

Es ist Ende August, die Bären sind dabei, sich ihren Winterspeck anzufressen, und die schwedischen Jäger polieren ihre Waffen. Die Zeit der Bärenjagd hat begonnen. »Jäger sollten uns jetzt nicht sehen«, warnt deswegen Friebe, »denn wenn wir hier mit der Antenne unterwegs sind, wissen sie, dass ein Bär in der Nähe ist.«

Ob es sie nicht traurig mache, wenn ein Tier, das sie lange beobachtet hat, erschossen wird, frage ich die Forscherin. »Anfangs war das schon so«, erwidert sie. Doch inzwischen sei sie Profi genug, um das emotionslos zu sehen. »Aber ganz kann man sich von Gefühlen doch nicht frei machen.« Grundsätzlich ist sie aber Befürworterin der Bärenjagd. »Hier leben so viele Tiere. Würden sie nicht gejagt, hätten wir schnell eine Überpopulation.« Die Folge wäre, dass die Bären untereinander aggressiver würden. Zwischen hundert und hundertfünfzig Tiere dürfen pro Jagdsaison zur Strecke gebracht werden, ohne dass dadurch der Gesamtbestand sinkt.

Ich denke an Bruno, den Problembären, der 2006 Deutschland ein ganzes Sommerloch hindurch in Atem hielt und die Schlagzeilen bestimmte. Fast jedes Kind kannte damals seine genaue Wanderroute durch Bayern. Als er schließlich erschossen wurde, weil er seinen Hunger an Hausschafen gestillt hatte, ging ein Aufschrei durchs Land. Problembären wie Bruno gibt es auch in Schweden. Wenn so einer auftaucht, dann wird er schnell und ohne öffentliche Diskussion getötet. Denn in Schweden gibt es nicht nur einen Bären, sondern mehr als zweitausend davon.

Einen Bären habe ich an diesem Tag nicht gesehen. Das war auch nicht zu erwarten gewesen. Die schwedischen Braunbären gehen dem Menschen aus dem Weg. Bei Touristen gelingt ihnen das immer, bei Jägern nicht. Achtzig Prozent aller schwedischen Bären sterben irgendwann an einer Kugel Blei im Leib. Einen Bären, der an Altersschwäche starb, gab es bisher in Schweden noch nicht. Nuppis Schicksal scheint vorbestimmt.

Kochen für Gold

Im Trainingslager der Kochnationalmannschaft

Wenn Carina Brydling eine Nachspeise zubereitet, kann das zwei bis drei Tage dauern. Doch das Warten lohnt sich: Ihre Pannacotta mit Walderdbeeren ist die beste oder zumindest schönste der Welt. Carina Brydling gehört zur schwedischen Kochnationalmannschaft, dem *kocklandslag*.

Die befindet sich gerade im Trainingslager. Große Wettkämpfe stehen an. Zuerst der Weltcup in Luxemburg und danach die Olympischen Spiele – das große Ziel jedes Kochs. Schweden ist bei allen internationalen Kochwettbewerben seit 1999 ungeschlagen und olympischer Titelverteidiger. Vermeintliche Großmächte der Kulinarik wie Frankreich, Italien oder Österreich werden in Grund und Boden gekocht. Auch die Deutschen, die die Kocholympiade erfunden haben, sind inzwischen chancenlos.

Für den Erfolg schnipselt, schneidet und schabt das schwedische Team diszipliniert. In der Vorbereitungsphase trifft sich die vierzehnköpfige Mannschaft einmal im Monat zu vier Kochtagen. Steht ein Wettkampf vor der Tür, geht es noch öfter an die Töpfe. Das »Trainingszentrum« des *kocklandslag* befindet sich im Keller des »Gripsholms

Värdshus & Hotell« in der Nähe von Stockholm, direkt am Mälarsee. Dem Hotel gegenüber liegt Schloss Gripsholm, von dem Tucholsky in seiner gleichnamigen Liebesgeschichte schwärmte. Für solche Schönheiten haben die Köche allerdings kein Auge, denn wenn sie brutzeln, tun sie das konzentriert und steigen aus ihrem Kochkeller nur selten hinauf ans Tageslicht.

Die Trainingsküche zu bauen war gar nicht einfach. Gripsholms Värdshus ist nämlich das älteste Restaurant im Land, und bis vor wenigen Jahren hatte es keinen Keller. Der wurde unter großem Aufwand unter das Haus hineingebaut. Jetzt befindet sich hier eine Großküche, die jeden Chefkoch neidisch machen würde. Sie bietet allen technischen Schnickschnack und den »Nationalspielern« ausreichend Platz zum Trainieren.

Die Arbeitsflächen und Herde glänzen in silbrigem Chrom, ebenso die Töpfe. Die Wände sind weiß gekachelt. Weiß sind auch die Schürzen der Köche. Die schwedische Flagge am Revers und die Aufschrift »Swedish Culinary Team« auf der Brust weisen sie als Mitglieder der Nationalmannschaft aus.

Trainiert wird das Team von Krister Dahl. Dahl ist der Beckenbauer des Kochens. Er ist erst zweiunddreißig, hat aber schon drei Olympiasiege errungen. Auch seine Nationalspieler sind jung – zwischen dreiundzwanzig und dreiunddreißig. Einige von ihnen wirken wie Popstars und nicht wie Köche – Stars in der Szene sind sie allesamt, und Idole, denen man nacheifert. »Wir wollen für die jungen Köche draußen im Land Vorbild sein und dafür sorgen, dass Schweden bald auch international als Land der guten Küche bekannt wird«, so Dahl.

Entwicklungshilfe im eigenen Land ist durchaus nötig. Lange Zeit war Schweden als Heimat fettiger Fleischbällchen mit matschigem Kartoffelbrei verrufen, und von *pytt i panna*. »Restepfanne« könnte man dieses Gericht nennen – was vom Vortag übrig bleibt, wird mit viereckigen Kartoffelstückchen verkocht. Damit das Ganze nicht allzu unappetitlich aussieht, schlägt man zur Tarnung noch ein Ei darüber. Ebenso berüchtigt ist *Janssons frestelse*, ein Auflauf aus Kartoffeln, Anchovisfilet und jeder Menge Sahne, der übersetzt etwas euphemistisch »Janssons Versuchung« heißt. Verwenden die Schweden Bückling statt Anchovis, nennen sie das entsprechende Gericht *Karlssons frestelse*, ganz ohne Fisch heißt es *Svenssons frestelse*. Ich kenne keinen dieser drei Herren, offenbar sind sie aber allesamt leicht zu verführen, denn kulinarisch Hochwertiges sieht anders aus.

Kochwettkämpfe bestehen aus zwei Disziplinen, der kalten und der warmen Küche. Bei der »warmen Küche« wird gegen die Zeit gekocht. Innerhalb von fünfeinhalb Stunden muss ein Drei-Gänge-Menü für hundertzehn Personen auf dem Tisch stehen. Jeweils zehn Gerichte bekommen die Juroren vorgesetzt und bewerten sie nach Aussehen, Zutatenauswahl und Geschmack.

Im Trainingslager steht heute aber die »kalte Küche« auf dem Programm – und da isst das Auge nicht nur mit, sondern ganz alleine. In dieser Disziplin geht es ausschließlich um die Optik, die aber muss perfekt sein. Zum Verzehr gedacht sind die Speisen nicht. Eine Küche zum Abnehmen sozusagen. Kein Wunder also, dass die Nationalmannschaftsköche rank und schlank sind. Sie leben ihren Beruf intensiv, bei ihnen dreht sich alles ums Essen. Typische Kochfiguren, dicke Bäuche, die auf viel Abschmecken hindeuten, sucht man aber vergeblich.

Obwohl bei der kalten Küche der äußere Eindruck entscheidet, müssen die Gerichte so zubereitet werden, dass sie gegessen werden könnten. »Bei internationalen Wettbewerben präsentiert jedes Land ungefähr dreißig Kaltspeisen«, erklärt Dahl. Damit die des schwedischen Teams besonders eindrucksvoll aussehen, muss heute im Training jeder »Nationalspieler« seine Kreation nochmals verbessern. Vor den Köchen liegt ein Foto ihres bisher besten Versuchs auf dem Tisch. Jetzt arbeiten sie daran, ihr eigenes Meisterwerk zu übertreffen. Das ist Millimeterarbeit.

Frederik Malmstedt aus Visby beugt sich konzentriert über die Arbeitsplatte. In der Hand hält er ein winziges skalpellartiges Messer, mit dem er kleine dreieckige Stücke aus einem Stück Pastete heraustrennt. Alle Teilchen müssen gleich lang und hoch sein, bilden sie doch später mit einigen kunstvoll gerollten Fleischstücken und winzigen Gemüseteilchen eine Vorspeisenplatte. Schon ein Millimeter zu viel oder zu wenig könnte den Gesamteindruck empfindlich stören. Wie viele seiner Kollegen misst auch Malmstedt mit Schublehre und Lineal immer wieder nach. Trotzdem: Eines der Teilchen ist ihm missraten, und das entgeht auch dem strengen Blick des Nationaltrainers nicht. Malmstedt muss nachbessern. Wieder setzt er das Messer an. Erst jetzt ist Krister Dahl zufrieden. Er sagt: »Das ist wie in jedem anderen Sport, ohne regelmäßiges Training und hohen Einsatz wird keiner Weltmeister.«

Mit Kochen im eigentlichen Sinne hat die kalte Küche nur wenig zu tun. Dabei handelt es sich eher um Kunsthandwerk mit Lebensmitteln. Damit die fertigen Speisen möglichst lang halten, werden sie glasiert. Dafür ist der Chef persönlich zuständig. Denn ein falscher Handgriff kann hier die Arbeit von Stunden, ja Tagen zunichte machen. Eine einzige Luftblase in der Glasur, und die Kreation wandert in den Mülleimer.

Dieses Schicksal bleibt dem Dessert von Carina Brydling erspart, es besteht den Schluss-Check durch den Nationaltrainer ohne Beanstandung und wird von dem auch gleich mit der schützenden Glasur überzogen.

Brydling ist neu im Team und nach ihrer Berufung in die Nationalmannschaft aus der kleinen mittelschwedischen Ortschaft Åre, wo sie ein Restaurant betrieb, nach Stockholm umgezogen. Dort arbeitet sie nun in einem Sternelokal. Wie im Fußball wechselt auch ein Kochnationalspieler zu einem größeren Verein. Hier wie dort will kein Talent in der Provinz versauern.

Carina Brydling und Anna Arvids sind die einzigen Frauen im Team. Zwei Frauen unter zwölf Männern – wo bleibt da die Gleichberechtigung? Während zu Hause die Frauen am Herd stehen, sind die Sterneküchen meist fest in Männerhand. Mit dem Kochberuf habe diese Diskrepanz nichts zu tun, glaubt Brydling. Es sei nicht anders als in anderen Berufen – die Frauen seien meist nicht so ehrgeizig, und wenn Kinder kämen, setzten sie ganz mit dem Beruf aus. »Wer Erfolg haben will, kann sich das nicht leisten«, meint die Spitzenköchin. Diese Antwort aus dem Mund einer Schwedin verwundert, gelten doch die Skandinavier als Vorzeigeland der Gleichberechtigung.

Auch Brydling, dreiunddreißig, ist unverheiratet – und kinderlos.

Harte Verteidigung

Eine Frau führt eine Männerfußballmannschaft zum Sieg

Der Zweimetermann überquert das Spielfeld. In kurzen Hosen und mit einem Trikot, das am Bauch etwas spannt – er wiegt locker zwei Zentner. Knapp vor ihm rollt der Ball. Der Riese hat schon einen Gegner umkurvt, und zwischen ihm und dem Tor steht jetzt nur noch eine Frau. Knapp einssiebzig ist sie groß, und schlank. Der Riese holt aus zum Schuss – doch bevor sein Fuß den Ball überhaupt berührt, ist der schon weg. Marie Pedersen ist zum Gegenangriff übergegangen.

Ein Sommersonntag in der schonischen Kleinstadt Eslöv, auf dem Fußballfeld. Als Marie Pedersen den Platz zur ersten Halbzeit betritt, richten sich alle Blicke auf sie. Sie hat lange blonde Haare, braun gebrannte Beine und ein gewinnendes Lachen. Als Mannschaftskapitän läuft sie als Erste aufs Feld. Marie Pedersen spielt Fußball – in einer Männermannschaft.

Bis vor fünf Jahren hat die heute Dreißigjährige bei den Damen von Eslöv BK in der dritten Liga gekickt. Und damit für ein populäres Team. Denn Frauenfußball hat in Schweden einen hohen Stellenwert. Die Nationalmannschaft ist regelmäßig

Widersacher der deutschen Fußballfrauen, wenn es um Welt- und Europameistertitel geht. Sowohl die Deutschen als auch die Schwedinnen spielen in der absoluten Weltspitze. Trotzdem werden im deutschen Fernsehen kaum Frauenspiele übertragen, in den überregionalen Sendern werden nicht einmal die Erstliga-Ergebnisse vermeldet.

In Schweden ist das anders. Da flimmern die Spitzenspiele regelmäßig über den Bildschirm. Die Stars der Frauennationalmannschaft sind nicht nur Insidern ein Begriff und gefragte Werbe-Ikonen. Als die Schwedinnen beispielsweise 2003 im Finale der Fußballweltmeisterschaft gegen Deutschland antraten, saß fast jeder zweite Schwede vor dem Fernsehgerät und drückte den Kickerinnen die Daumen. Dass damals trotzdem Deutschland nach Verlängerung gewann, ist eine andere Geschichte.

Auch in der dritten schwedischen Liga wird nicht nur zum Spaß gespielt. Vielmehr wird mehrmals wöchentlich trainiert. Nach der Geburt ihres Kindes musste Pedersen kürzertreten, der Trainingsaufwand war zu hoch. Und da es keine zweite Damenmannschaft gab, wechselte sie zu den Männern. »Die nehmen es hier nicht so ernst, trainieren kaum und treffen sich nur zu den Spielen«, sagt Pedersen. Ideale Voraussetzungen für eine Frau mit Kind, die zudem nach der Arbeit noch die Jugendmannschaft des Vereins trainiert.

Das Problem: Im regulären Spielbetrieb gibt es auch in Schweden keine gemischten Mannschaften. So viel Gleichberechtigung geht dem Schwedischen Fußballverband dann doch zu weit. Deswegen spielt Pedersen nun in der Firmenliga von Schonen – als einzige Frau unter Hunderten von Männern.

In ihrer neuen Mannschaft ist sie die Einzige, die schon seit frühester Jugend spielt. Ball Annehmen, Passen, Schießen – das alles beherrscht sie perfekt. Seit Pedersen mitspielt, geht es mit der Männermannschaft von Eslöv aufwärts. Inzwischen stehen auch schon die ersten Pokale im Trophäenschrank. Auch der Trainingseifer hat zugenommen, seit die attraktive Blonde im Team ist.

Probleme mit ihren männlichen Mitspielern hatte sie nie. Auch Machosprüche hat sie bislang keine gehört. Im Gegenteil: Anfangs seien die Männer viel zu vorsichtig mit ihr umgegangen, sagt Pedersen rückblickend. Inzwischen habe sich das geändert. »Sie haben bemerkt, dass ich genauso hart spiele wie sie und auch ziemlich hinlangen kann.« Tatsächlich hat Pedersens Spielweise ihr bereits die ein oder andere Rote Karte eingebracht. Schon in der Damenmannschaft hatte die Verteidigerin den Ruf, wie ein Kerl zu spielen. Da ist es nur konsequent, wenn sie jetzt mit ihnen spielt. Für Pedersen war das keine große Umstellung. Schwerer fiel es aber einigen ihrer Gegner. Als die Schweden an einem Turnier in Slowenien teilnahmen, unterbrach das gegnerische Team sogar das Aufwärmtraining, als sie sahen, wer da bei den Gästen mitspielte. Statt sich gegenseitig

Bälle zuzupassen, schauten sie fasziniert zu, wie sich Pedersen stretchte.

Als Zwölftausendster ins Ziel

Auf Skiern auf den Spuren des Königs

Meistens ist Dave Robson auf dem Hosenboden gelandet. Skifahren war seine Sache nicht. Vor einigen Jahren machte er mit seiner schwedischen Ehefrau bei Verwandten in Dalarna Winterurlaub. Dort stand er auch das erste Mal auf den Brettern, die zumindest den Skandinaviern die Welt bedeuten. Dave aber ist Engländer, außerdem lebte er damals auf Mallorca und schipperte als Kapitän einer Yacht Touristen übers Mittelmeer. Nicht die besten Voraussetzungen, sich als Skilanglauf-Ass auszuzeichnen.

Seine Familie hatte deswegen nur ein müdes Lächeln für ihn übrig, als Dave ankündigte, er werde nun im folgenden Jahr am Wasalauf teilnehmen. »Die hielten mich für total verrückt«, sagt Dave rückblickend.

Der Wasalauf ist nicht irgendein Skirennen. Er ist weit mehr als ein Sportereignis – er ist eine Institution, ja fast schon Teil der schwedischen Kultur. Seit 1922 begeben sich jedes Jahr Anfang März starke Männer in die Spur, um die neunzig Kilometer lange Strecke zwischen den beiden Städten Sälen und Mora zurückzulegen. Frauen waren anfangs nicht zugelassen. Immer wieder mischten sich zwar einige mit angeklebtem Bart unter die männlichen Starter, doch offiziell mitmachen dürfen sie erst seit 1981.

Der Lauf erinnert an Gustav Wasa, der im Winter 1521 vor den Dänen auf der Flucht war. Die führten damals in Schweden ein strenges Regiment und waren beim Volk verhasst. In Mora angekommen, versuchte Wasa, die Einheimischen zum Aufstand gegen die fremden Herrscher anzustacheln. Doch die wollten nicht so recht. Enttäuscht setzte der Flüchtling daraufhin seinen Weg in Richtung Norwegen fort. Gustav Wasa war noch keine drei Tage unterwegs, da überlegten es sich die Männer von Mora anders. Sie schickten ihm die beiden schnellsten Skiläufer hinterher, die ihn schon in Sälen einholten. Wasa kehrte auf ihr Bitten hin nach Mora zurück, schloss mit den dortigen Kämpfern ein Bündnis und zog mit ihnen in den Kampf gegen die Dänen.

Zwei Jahre dauerte das blutige Gefecht gegen die fremden Herrscher. 1523 waren die Dänen endlich vertrieben, und Gustav Wasa bestieg den schwedischen Thron. Doch die Geschichte ging weiter, daran erinnert sich heute allerdings niemand mehr: Gustav Wasa entpuppte sich nämlich bald als rücksichtsloser und brutaler Herrscher. Und so erhoben sich seine alten Kampfgefährten, die Männer aus Dalarna, zwischen 1525 und 1531 dreimal gegen ihn. Doch sie wurden jedes Mal besiegt. Gustav Wasa kannte keine Gnade und ließ die Männer, die ihn einst an die Macht gebracht hatten, reihenweise aufknüpfen.

Beim ersten Rennen im Jahre 1922 quälten sich hundertsechsunddreißig stramme Burschen aus der Gegend um Mora über die Strecke. Heute hingegen machen sich an die fünfzehntausend Läufer aus aller Welt auf den Weg. Es könnten sogar noch mehr sein, würden mehr Teilnehmer zugelassen. Wer im Folgejahr wieder dabei sein will, muss deswegen schon bald nach der Zieldurchfahrt das nächste Anmeldeformular ausfüllen.

Die meisten Starter bereiten sich intensiv auf das Rennen vor. So auch Dave Robson. Er trainierte in der mallorquinischen Hitze auf Rollerskiern. Dafür musste er sich von den Einheimischen, denen ein solch sonderbares Sportgerät völlig unbekannt war, so einige spöttische Bemerkungen gefallen lassen. Doch Dave war das egal – und tatsächlich stand er ein Jahr später am Startplatz in Sälen.

»Der Start ist das größte Erlebnis«, erzählt er. Bevor es losgeht, wärmen sich alle Teilnehmer gemeinsam auf. Wie ein riesiges Ballett wirkt es, wenn fünfzehntausend Menschen synchron ihre Arme kreisen lassen oder im Wechsel die Ski anheben. Die Spannung steigt immer mehr, »man wünscht sich nur noch, dass es endlich losgeht«, sagt Dave.

Die Spitzenläufer sind schon längst auf der Strecke, wenn in die hinteren Reihen Bewegung kommt. Während die Stars vom Start weg Tempo machen, gehen es Läufer wie Dave gemütlich an. Auch er hatte am Anfang noch Zeit, sich mit seinem Nebenmann zu unterhalten. Doch bald schon führt die Spur steil bergauf. An Smalltalk ist dann nicht mehr zu denken. Dave schienen die Anstiege endlos – und neidisch blickte er selbst alten Männern hinterher, die scheinbar schwerelos an ihm vorbeizogen. Je länger das Rennen dauerte, desto schwerer wurden Daves Beine. Noch nie hatte er eine längere Strecke als vierzig Kilometer zurückgelegt. Und er merkte: Beim Rollerskilaufen werden ganz andere Muskeln trainiert, als sie beim Skilanglauf auf Schnee gebraucht werden. Dave lief nicht nur gegen seinen inneren Schweinehund an, sondern auch gegen das vorzeitige Ausscheiden. Beim Wasalauf werden nämlich an mehreren Punkten Zwischenzeiten genommen. Wer da zu langsam ist, fliegt aus dem Rennen. Lange Aufstiege, rasende Abfahrten, endlose Flachstücke – Dave hat alles geschafft und schließlich auch noch das Zeitlimit eingehalten. Zwölf Stunden hätte er brauchen dürfen. Nach elfeinhalb Stunden erreichte er als zwölftausendvierhundertachtunddreißigster das Ziel. Ließ sich erschöpft in den Schnee fallen und genoss wie seine Mitläufer den Jubel des Publikums in Mora. Dort warteten Tausende Skifans auf ihre Helden. Und für die macht es keinen Unterschied, ob man als Erster ins Ziel kommt oder als zwölftausendvierhundertachtunddreißigster, wie Dave. Ob man den Lauf in vier Stunden schafft oder in elfeinhalb. Die Leute stehen auch abends noch da – und warten, bis der letzte Läufer eingetroffen ist.

Seither nahm Dave Robson noch zwei weitere Male am Wasalauf teil. Jedes Mal war er ein bisschen schneller als beim vorherigen Lauf. Zuletzt landete er sogar im vorderen Mittelfeld – auf Platz sechstausend, ungefähr.

Inzwischen lebt Dave mit seiner Frau in Schweden und leitet gemeinsam mit ihr das Hotel Fryksås bei Orsa. Das liegt nur eine knappe Autostunde vom Zielort Mora entfernt. Doch Zeit, am Wasalauf teilzunehmen, hat er nicht mehr. Wenn der stattfindet, herrscht in seinem Hotel Hochsaison. Dave sorgt heute dafür, dass seine Gäste pünktlich an den Start kommen.

Der erfolgreichste Läufer beim Wasalauf ist Nils »Nisse« Karlsson. Er gewann ihn in den vierziger und fünfziger Jahren insgesamt neun Mal. Fragt sich, wer mehr Bewunderung verdient: Männer wie er, die alle anderen besiegen – oder Menschen wie Dave Robson, die sich selbst besiegen.

Laufen und werfen gegen Finnland

Ein Leichtathletikländerkampf bewegt ein Volk

Sven hat sich in seinem Sessel vorgebeugt und schaut gebannt auf den Bildschirm. Er kann kaum glauben, was er soeben gesehen hat: Jarkko Ruostekivi und Nipa Tran haben Stefan Tärnhuvud im Hundertmeterlauf besiegt. »10,50 und 10,53 sind die Finnen gelaufen, unserer nur 10,65«, kommentiert Sven und schüttelt den Kopf. Denn der Favorit war eigentlich Tärnhuvud. Doch nun hat Finnland die Schweden erneut geschlagen.

Es ist Ende August in Schweden: Draußen scheint die Sonne, und trotzdem sitzt das halbe Land vor der Glotze. Es ist die Zeit des *Finnkampen* – des »Finnenkampfs«. Jedes Jahr im Spätsommer liefern sich die beiden Nachbarländer einen Leichtathletikwettkampf. Der findet abwechselnd in Finnland und in Schweden statt. Andere Nationen haben Länderkämpfe wie diese längst abgeschafft. In einer Zeit, in der jeder Spitzensportler Individualist und Profi ist, sind sie so unpassend und wirken sie so fehl am Platz wie Bonanzafahrräder und Batikhemden.

In Schweden wird ein solcher Wettkampf aber nicht nur veranstaltet, er gilt sogar als das wichtigste Sportereignis des Jahres. Übertroffen allenfalls von einem Eishockey-WM-Spiel – vorausgesetzt, der Gegner ist das finnische Team.

In Finnland setzt man die Prioritäten ähnlich. Sport ist schön, Sport ist entspannend, Sport ist die wichtigste Nebensache der Welt – aber wenn es gegen den Nachbarn geht, hört der Spaß auf.

Das hat auch geschichtliche Gründe. Bis Ende des 18. Jahrhunderts war Finnland eine Art schwedische Kolonie. Seitdem haben die damaligen Herrscher den Ruf weg, arrogant und überheblich zu sein. Dabei hatte man nie ernsthafte Probleme miteinander. Die beiden Völker lebten immer freundschaftlich nebeneinander. Und als Finnland noch nicht wirtschaftliches Vorzeigeland, sondern Krisenregion war, arbeiteten viele Finnen in Schweden. Umgekehrt gibt es in Finnland eine recht beachtliche schwedische Minderheitengruppe. Sechs Prozent der Finnen haben Schwedisch als Muttersprache.

Beste Voraussetzungen also für ein friedliches Zusammenleben.

Doch tief im Inneren nagen noch immer Ressentiments. Der Finne schimpft den Schweden hochnäsig. Der wiederum stempelt, wenn er ganz ehrlich ist, den Finnen trotz Nokia und Hightechboom immer noch als den einfachen Bauernburschen vom Land ab.

Beste Voraussetzungen also für hitzige Sportwettkämpfe.

Die Emotionen gingen von Anfang an hoch. Bereits 1931, nur sechs Jahre nach dem ersten

Länderkampf, prügelten sich während des Rennens einige der Achthundert-Meter-Läufer. Auch auf Funktionärsebene wurde damals tüchtig gestritten. Denn die Schweden sorgten dafür, dass Paavo Nurmi wegen des damals noch verbotenen Profitums international gesperrt wurde. Das tat den Finnen weh: Der Wunderläufer hatte bei den Länderkämpfen immer die meisten Punkte gesammelt. Nach so viel Gemeinheit hatten die denn auch genug: Sie sagten in den folgenden Jahren die Wettkämpfe ab. Erst acht Jahre später trafen die Sportler erneut aufeinander.

Sven klebt noch immer an seinem Sessel. Inzwischen hat das Speerwerfen begonnen. Er ist besorgt, denn in dieser Disziplin haben die Finnen traditionell die Favoritenrolle inne. »Pitkämäki ist wohl nicht zu schlagen«, erklärt er mir und fängt gleich an zu rechnen. »Das macht schon mal sechs Punkte für Finnland.« Aber es kommt noch schlimmer für Sven: Auch Platz zwei geht an die Finnen. Nun reicht es ihm, er braucht eine Pause. Wir machen uns auf den Weg zur Veranda des Sommerhauses, auf der Svens Frau schon den Kaffeetisch gedeckt hat.

Doch auch dort rutscht Sven unruhig auf seinem Stuhl hin und her, ist nur mit einem Ohr bei unserem Gespräch. Mit dem anderen ist er noch immer im Wohnzimmer, lauscht auf die Laute aus dem Fernseher, der im Hintergrund läuft. Er entspannt sich erst, als er vom letzten Jahr zu erzählen beginnt. Damals fand der Wettkampf in Göteborg statt, und Sven war live dabei. Nun schwärmt er von der Stimmung und stimmt draußen auf der Terrasse probeweise seinen »Heja Sverige«-Ruf an. Gleichzeitig wedelt er mit geschlossener Faust über seinem Kopf hin und her, als wolle er das Schwenken der Fahne simulieren. Seine Frau verdreht genervt die Augen. Doch davon lässt sich Sven nicht abhalten und erzählt, wie er zusammen mit den anderen fünfundzwanzigtausend Zuschauern die Welle gemacht hat. Ich will ihn ein bisschen provozieren und frage: »Nur fünfundzwanzigtausend? Bringen die Finnen nicht noch viel mehr Zuschauer zusammen?« Das saß – Sven wirkt etwas ernüchtert. Doch so leicht gibt er sich nicht geschlagen: Ja, es sei wahr, das meist ausverkaufte Helsinkier Olympiastadion fasse vierzigtausend Zuschauer. Doch Finnland sei schließlich die kleinere Nation – und für den David sei es immer wichtig, den Goliath zu besiegen. In Schweden, sagt Sven, sehe man das viel entspannter.

Wir schweigen eine Weile, nippen an unseren Kaffeetassen. Aus dem Wohnzimmer vernehmen wir die Stimme des schwedischen Reporters. Die Finnen hätten für die eigenen Leute mehr geklatscht als für die Schweden, sagt er, und sein Ton klingt anklagend. »Bei uns kommt das nicht vor«, fügt er hinzu. »Wir feuern alle an.«

Sven nickt.

Die berühmteste Schwedin

Besuch bei Pippi Langstrumpf

Pippi Langstrumpf ist auf dem Weg zur Arbeit, in blauer Bluse, weißer Strickjacke und Jeans. Die blonden Haare hat sie mit einem Tuch zurückgebunden. Pippi ist spät dran und rennt fast durch »Astrid Lindgrens Värld« in Vimmerby. Um halb elf beginnt die Vorstellung und Pippi ist noch immer Emmelie Rosenberg. Die vierundzwanzigjährige Absolventin einer Musik- und Theaterhochschule hat einen seltenen Beruf: Sie ist Pippi Langstrumpf in einem Freizeitpark.

Zehn Minuten später verschwindet Emmelie in der Umkleidekabine und schlüpft in ihre Arbeitskleidung. Gelbe und schwarze Strümpfe, ein blaues Kleid, ausgelatschte schwarze Schuhe. Das wichtigste Requisit ist jedoch die rote Perücke mit den beiden Zöpfen. Zum Schluss malt sie sich noch braune Punkte ins Gesicht. Sommersprossen. Jetzt endlich ist Emmelie Pippi. Die Umkleidekabine befindet sich in einem einfachen Container. Davor warten schon Pippis Vater Ephraim, der Matrose Fridolf, die Polizisten Kling und Klang und Frau Prusselius. Gemeinsames Aufwärmen ist angesagt. Die Schauspieler sprechen ein paar Textpassagen durch, und dann singen sie. »Hier kommt

Pippi«, klingt es mir laut entgegen. Danach begleite ich die sechs Schauspieler zu ihrem Arbeitsplatz – der Villa Kunterbunt. Sie liegt am anderen Ende des Freizeitparks, auf dem Weg dorthin bleibt genügend Zeit für Fragen. Und so will ich von Emmelie wissen, wie ihr Arbeitstag aussieht.

»Eigentlich ganz normal«, sagt sie, »ich habe geregelte Arbeitszeiten wie jeder Angestellte auch. Um neun Uhr fange ich an, dann ziehe ich mich um, probe mit den Kollegen, und von halb elf bis viertel nach zwölf treten wir in der Villa Kunterbunt auf.« Auf dem Programm stehen kleine Theaterstücke. »Zwischendurch spielen wir mit den Kindern.«

Nach der Mittagspause geht es um halb zwei weiter. Wieder treten Pippi und ihre Freunde in der Villa Kunterbunt auf. Zum Abschluss steht auf der Hauptbühne der große Nachmittagsauftritt, zusammen mit all den anderen Helden aus Astrid Lindgrens Büchern, auf dem Programm. Dienstschluss sechzehn Uhr dreißig.

»Ist es denn schwer, ständig lustig sein zu müssen?«

»Ja, manchmal schon«, erwidert Emmelie. »Auch ich habe schlechte Tage, aber sobald ich in die Rolle der Pippi schlüpfe, überträgt sich deren Energie und Fröhlichkeit auf mich.«

Pippi zu sein sei wie eine Therapie, erzählt Emmelie weiter: »Ich habe von Pippi gelernt, Sachen einfach auf sich beruhen zu lassen und schlechte Dinge beiseitezulegen.«

Und: »Pippi hat ein großes Selbstbewusstsein und steht für die Dinge ein, an die sie glaubt. So stark wie sie bin ich leider noch nicht«, sagt Emmelie Rosenberg und lacht ihr gewinnendes Pippilächeln.

Nein, schlechte Laune darf nicht sein. Das merke ich, als ich mit Emmelie an der Villa Kunterbunt ankomme. Als Pippi Langstrumpf trägt man eine enorme Verantwortung. Das weiß auch Emmelie: »Die Kinder freuen sich oft wochenlang darauf, mich zu sehen. Wäre ich dann nicht lustig, würde ich sie total enttäuschen.«

Auch ich spüre die Freude der Kinder. Hunderte kleine Augenpaare glänzen während Pippis Auftritt. Aufgeregte Schreie, Lachen und Jauchzen. Rein in die Villa Kunterbunt, vom Balkon der Mama winken, raus aus der Villa Kunterbunt, dem Papa erzählen, wie es dort drin aussieht. Pippi am Kleid ziehen, Mama erzählen, dass man Pippi am Kleid gezogen hat. Kinderwelten können so einfach sein und so ganz ohne Probleme.

Pippi Langstrumpf ist die wahrscheinlich bekannteste Schwedin. »Geboren« wurde sie 1941. Damals erzählte Astrid Lindgren ihrer Tochter erstmals die Geschichte des selbstbewussten und klugen Mädchens. Eines Mädchens, das immerzu Schabernack im Kopf hatte und ziemlich frech war – ein sympathisches Gör, das die Erwachsenen nicht automatisch als Autorität anerkannte. Ein bisschen von Pippi steckte in Astrid Lindgren – oder umgekehrt. Auch die Schriftstellerin war unangepasst und ließ sich nicht in ein Raster zwängen. Selbst im Alter hat sie das Spielerische beibehalten und ist irgendwo immer ein Kind geblieben. Es gibt Bilder von ihr als Siebzigjähriger, die zeigen, wie sie in Bäumen herumklettert. »Warum soll eine alte Frau das nicht dürfen, wenn ihr danach ist?«, fragte sie dann.

Astrid Lindgrens Bücher wurden in mehr als siebzig Sprachen übersetzt, einzig Shakespeare ist in noch mehr Sprachen erhältlich. Achtzig Millionen Mal wurden ihre Bücher weltweit verkauft. In Deutschland gingen zwanzig Millionen über den Ladentisch. Die Schriftstellerin war aber nicht nur die Mutter von Pippi, Michel, Ronja und vieler anderer Figuren – sie war auch ein sozial engagierter Mensch. Besonders für die Rechte von Kindern und Tieren setzte sie sich ein Leben lang ein. Und dafür wurde sie ebenso ausgezeichnet wie für ihre schriftstellerische Leistung. Mehr als fünfzig Preise erhielt sie insgesamt. Darunter auch den Friedenspreis des Deutschen Buchhandels und gleich drei Ehrendoktortitel. Seit 1978 fliegt sogar ein Asteroid, der ihren Namen trägt, durchs Weltall. Nur den Nobelpreis für Literatur bekam sie nie. Das war sogar dem Nobelpreiskomitee selbst peinlich. Normalerweise geben dessen strenge Literaturpäpste keine Begründung ab, warum sie jemanden *nicht* auswählen. In Lindgrens Fall machten sie eine Ausnahme und bedauerten öffentlich, dass Kinderbuchautoren keinen Nobelpreis gewinnen könnten. Und so erfand die Regierung den »Nobelpreis der schwedischen Regierung«. Den verlieh sie nur ein einziges Mal – an Astrid Lindgren, zu ihrem neunzigsten Geburtstag. Dotiert war er mit derselben Summe wie der Nobelpreis für Literatur.

Es ist nicht leicht, im Freizeitpark »Astrid Lindgrens Värld« die Rolle der Pippi spielen zu dürfen. Auf dem Tisch der Personalchefin stapeln sich die Bewerbungen. Nach Ende des Sommers muss sie eine neue Pippi suchen, eine, die dasselbe gewinnende Lächeln hat wie Emmelie. Denn sie wird gehen, wenn im September der Freizeitpark für dieses Jahr seine Pforten schließt.

Für Emmelie ist Pippi nur ein Sommerjob. Sie wird das blaue Kleid zurück in den Schrank hängen, die Perücke ins Regal legen und nach Stockholm fahren, ihre Heimatstadt. Das Kleid und die Perücke werden auf die nächste Pippidarstellerin warten, und Emmelie in einer Boutique arbeiten, »um Geld zu verdienen«. Doch danach wird sie als Mumintroll auf Tournee gehen. Die Mumins sind für die finnischen Kinder das, was Pippi für die schwedischen ist. Wie man Kinder glücklich macht, das weiß Emmelie ja.

Über der Stadt

Sinfonie in Rot und Gelb

Hundert Meter unter mir liegt der See. Tiefblau lächelt er zu mir herauf. Einladend und verführerisch. Als möchte er mich zu einem Bad überreden, oder zumindest zu einer Paddeltour. Oder einem Spaziergang an seinen Ufern. Klar ist das Wasser, und sauber. Sogar Lachse kann man hier angeln.

Eine Insel liegt direkt vor meinem Aussichtsturm. Darauf alte Häuser. Gelb und rot. Und zwei Kirchen. Aus rotem Backstein die eine, mit einem gelben Turm die andere. Rot und gelb. Die beiden Farben scheinen sie hier zu mögen.

Am Ufer unter Bäumen ein paar Bänke. Menschen sitzen darauf. Ihre Gesichter sind von hier oben nicht zu erkennen. Aber ich stelle mir vor, dass sie zufrieden aussehen. Mit geschlossenen Augen die Sonne genießen oder aber hinaus auf den See blicken. Den weißen Dampfschiffen zuschauen, die langsam über das Wasser tuckern. Sie stammen aus einer Zeit, in der man noch keine Eile kannte. Diese Gemütlichkeit haben die Schiffe mit in die Moderne genommen. Wer mit ihnen unterwegs ist, hat keine Hast. Nimmt eine Auszeit vom Jetzt. Lässt die Landschaft in Zeitlupe an sich vorbeigleiten.

Weiter hinten, am Horizont, das Meer. Auch dort kann ich Schiffe erkennen. Große und kleine. Mit Segeln und ohne. Die Sonne spiegelt sich auf dem Wasser, überzieht es mit einem goldenen Glitzern.

Auf der anderen Seite: Auch dort sind Kirchtürme zu erkennen. Dazwischen aber Hochhäuser. Wie aufgestellte Schuhkartons sehen sie aus. Es gibt noch nicht viele davon, und einem Besucher aus den USA würden sie kaum auffallen, so niedrig sind sie. Ich sehe Züge, die vorsichtig in den Bahnhof kriechen und Autos, die scheinbar in Zeitlupe durch die Straßen fahren. Aus der Ferne wirkt auch Großstadthektik fast beschaulich.

Unter mir, auf halber Höhe, umkreisen Möwen den Turm. Ob sie wie ich die Aussicht genießen? Den Blick hinüber auf die Insel? Oder hinunter aufs Festland? Wo sich Altes mit Modernem mischt, wo das Herz der Stadt in schnellem Tempo schlägt.

Ein warmer Sommerwind weht mir ins Gesicht. Er trägt Geräusche zu mir hoch. Ein leichtes, gleichmäßiges Schnurren. Wie eine Katze klingt die Stadt. Ich steige zu ihr hinab. Hinab vom Turm des Stadshuset. Hinab ins Zentrum von Stockholm.

Alkohol

Mit Attila im Kampf gegen den Suff

Lust auf ein kleines Vorspiel? Eine Frage, die jedes Wochenende Tausende von Schweden mit einem klaren Ja beantworten und sich ihm dann bis zum Exzess hingeben. Besonders Jugendliche tun es, bevor sie abends ausgehen.

Das Wort Vorspiel haben die Skandinavier aus der deutschen Sprache übernommen. Aber es hat – und das wird jetzt manchen enttäuschen – eine etwas andere Bedeutung als bei uns.

Vorspiel ist eine Folge der hohen schwedischen Alkoholpreise – und bedeutet nichts anderes, als dass man sich, bevor man einen trinken geht, schon mal betrinkt. Dazu treffen sich die Kneipengänger bei einem der Ihren zu Hause und kippen sich ein paar Schnäpse hinter die Binde. Jedem Schweden erscheint ein solches Verhalten logisch. Denn: Wenn man angetrunken in die Kneipe kommt, wird der Rausch später billiger.

Das machen inzwischen so viele, dass Vater Staat glaubte, dagegen vorgehen zu müssen – und Betrunkenen per Gesetz verboten hat, eine Kneipe zu betreten. Dass die sich daran auch halten, dafür sorgen Türsteher, die in Schweden vor nahezu jedem Lokal Wache halten. Aber nicht nur

Betrunkene müssen draußen bleiben, auch die »zu Jungen«. Und zu jung ist man in Schweden ziemlich lange. Nur weil man achtzehn und damit volljährig ist, darf man noch lange nicht in jedes Lokal. Die Altersgrenze liegt oft bei einundzwanzig Jahren. Manchmal muss man sogar dreiundzwanzig oder noch älter sein.

Und wie kommt die Jugend zum Alkohol? Die greift zur Seife! Das jedenfalls könnte man glauben, wenn man die folgende Geschichte liest, die von einer Internetagentur verbreitet worden ist: Demnach haben sich auf einem Musikfestival schwedische Jugendliche über die Flüssigseife aus den Miettoiletten hergemacht. Sie vermischten die Seife, die einen Alkoholgehalt von zweiundsechzig Prozent hatte, mit Red Bull zu einem schaumigen Cocktail. Ein Vierzehnjähriger musste, nachdem er den hochprozentigen Mix getrunken hatte, mit Alkoholvergiftung ins Krankenhaus eingeliefert werden.

Horrorstorys wie diese erzählt man sich außerhalb Skandinaviens gerne über die Schweden. Aber solche Vorfälle sind im Norden die Ausnahme. Wahr ist allerdings, dass man das Thema Alkohol viel weniger entspannt sieht als bei uns. Wer die ansonsten ruhigen Schweden aus der Reserve locken will, braucht nur eine Diskussion über Alkohol anzufangen.

Die restriktive schwedische Alkoholpolitik geht bis ins 19. Jahrhundert zurück. Damals wurde ordentlich – und viel mehr als heute – gebechert.

Kirche und Gewerkschaften zogen in seltener Eintracht gegen den Teufel Alkohol zu Felde, und überall schossen Abstinenzlervereine aus dem Boden. 1922 kam es zu einer Volksabstimmung, und es wurde über ein generelles Alkoholverbot abgestimmt – nur wenige Tausend Stimmen fehlten damals zur Einführung der Prohibition. Stattdessen musste jeder Schwede ein Alkoholbuch führen, in das er penibel einzutragen hatte, wie viel Alkohol er kaufte. Erlaubt waren unterschiedliche Mengen, je nachdem, ob man reich oder arm, Mann oder Frau war. Arbeiter und ledige Frauen durften am wenigsten, angesehene Geschäftsleute, Fabrikbesitzer und sonstige Stützen der Gesellschaft am meisten konsumieren. Erst 1955 wurde das nach seinem Erfinder benannte »Bratt-Buch« abgeschafft. Dafür stiegen aber die Steuern und somit auch die Preise für Wein, Bier und Schnaps. Ursprünglich als erzieherische Maßnahme gedacht, nimmt Schweden inzwischen durch die Alkoholsteuer so viel Geld ein, dass der Sozialstaat ohne den Rausch seiner Bürger gar nicht mehr zu finanzieren wäre.

Schwarzbrennerei war lange Zeit weitverbreitet und *hembränt*, der Selbstgebrannte, bekannt für seinen hohen Alkoholgehalt und berüchtigt wegen seiner schlechten Qualität. Seit Schweden der EU beitrat und es erlaubt ist, Alkohol zum Eigenverbrauch in großen Mengen einzuführen, ist Schwarzbrennen allerdings out. Dafür ist die Urlaubsfahrt in den Süden gleichzeitig zur Shoppingtour nach Hochprozentigem geworden. Viele bringen ihren Jahresvorrat an Rotwein aus Italien im Kofferraum mit nach Hause, oder sie stürmen die Getränkeabteilung von »Aldi«, bevor sie die Fähre zurück nach Schweden nehmen.

In der Heimat kaufen sie Alkohol weiterhin bei den staatlichen Monopolgeschäften von »Systembolaget« ein. Die meisten Schweden nennen sie kurz »Systemet«, wohl weil der volle Name mit alkoholisierter Zunge so schwer auszusprechen ist.

Seit private Alkoholimporte erlaubt sind, gehen die Umsätze bei allen »Systemet«-Läden im Land zurück. Mit einer Ausnahme. Der Laden in Strömstad meldet immer wieder neue Rekordverkäufe. Der Grund hierfür ist einfach: Er liegt nur wenige Kilometer von der norwegischen Grenze entfernt – und dort ist der Alkohol noch teurer.

Früher ähnelten die Läden von »Systemet« Apotheken, und die Öffnungszeiten waren möglichst kundenunfreundlich. Man wollte die Leute ja vom Alkoholkonsum abhalten und nicht noch dazu animieren. Heute hingegen kann sich der Schwede sogar noch am Samstag seinen Drink fürs Wochenende besorgen. Zwar nur am Vormittag, aber immerhin.

Als man vor einigen Jahren die Öffnungszeiten der Alkoholläden ausdehnte, fürchteten viele, dass das Land von nun an im Vollrausch versinken würde. In Schweden gibt es nämlich auffällig viele Wochenendtrinker. So mancher Schwede, der unter der Woche zum Mittagessen brav an seinem Glas Mineralwasser nippt, kippt sich am Wochenende Wodka in Haushaltsmengen hinter die Binde. Umgekehrt gilt fast als Alkoholiker, wer während der Woche ein Glas Weißwein zum Lachs bestellt – und derjenige als Spaßbremse, der am Wochenende schon nach dem dritten Glas genug hat.

Ausländer, die eine solche »Verwandlung« beobachten, könnten sich besorgt fragen, was plötzlich mit dem braven Schweden passiert ist. Die Antwort lautet schlichtweg: nichts. Es ist Wochenende, und da gehört ein Rausch für viele einfach dazu.

Um den Alkoholmissbrauch einzudämmen, kämpft »Systembolaget« auch mit ungewöhnlichen Mitteln. Ein Werbefilm im Internet beispielsweise zeigt Attila beim Saufgelage. Denn der grausame Hunne hat, wenn er gerade mal keinen Gegner niedermetzelte, gerne mal einen gebechert. Dass das gefährlicher ist als Krieg zu führen, lehrt einen der Werbefilm: Attila starb nämlich nicht an einem Pfeil in der Brust, sondern weil er sich bei einem Trinkgelage schlimm verschluckte und erstickte. Im Jahre 453 war das. Ich habe dennoch Zweifel, dass der tragische Säufertod des Hunnen den Schweden heute die Lust am Trinken verdirbt.

Bei so viel Aufhebens um Alkohol gewinnt man leicht den Eindruck, die Schweden seien ganz schlimme Trinker. Genau das sind sie aber nicht. Nimmt man den absoluten Alkoholverbrauch pro Jahr, liegt Schweden statistisch gesehen weit hinter Deutschland. Bei einem Vergleich von siebenunddreißig Ländern landeten die nüchternen Schweden auf dem dreißigsten Platz.

Letzte Sommertage

Ein Stockholmer Restaurant am Meer

Ich sitze in einem Restaurant am Meer. Trinke mein Bier und wickle mich in die Decke ein, die auf meinem Stuhl bereitliegt. Die Nachmittagssonne scheint mir ins Gesicht. Schon etwas schüchtern. Es ist einer der letzten Sommertage in Stockholm. Möwengeschrei. Angeregte Gespräche am Nebentisch. Die Segelboote spiegeln sich im Wasser. Messer und Gabeln klappern. Ein Fesselballon taucht über dem Meer auf. Er ist gelb wie die schwedische Sommersonne. Langsam bewegt er sich in Richtung Schloss. Ob er den König nach Hause bringt? Wohl kaum. Immer noch sind die Frauen in Miniröcken unterwegs, zeigen ihre braun gebrannten Beine. Strümpfe sind verpönt, geschlossene Schuhe ebenso. Nur ich sitze in eine Decke gehüllt da.

Die Enten im Wasser schwimmen ihrem Spiegelbild hinterher. Hoffen auf Tierfreunde unter den Essern. Sie hoffen nicht vergebens: Brotkrumen finden den Weg in die Schnäbel. Noch werden die Sonnenbrillen ausgeführt. Ein Gast trägt eine Baseballmütze und Jeans. Aber das passt hier nicht. Hier dominiert feines Tuch. Banker genießen die letzte Sommersonne. Die Schlipse sind gelöst, die Sakkos geöffnet. Mobiltelefone fordern Aufmerksamkeit. Man trifft Verabredungen für den Abend. Am Wein nippt man nur. Der ist immer noch teuer in Schweden. Aber daran liegt die Zurückhaltung hier nicht. Denn die Wirtschaft boomt. Die Aktien steigen. Nippen ist einfach cool. Besonders wenn der kleine Finger abgespreizt wird.

Der Fesselballon ist verschwunden, der Sommer noch da. Alle kommen noch einmal aus den Wohnungen. Die Restaurants sind voll. Aber nur die Plätze im Freien. Überall liegen Decken bereit. Aber keiner benutzt sie, man ignoriert das Ende des Sommers so lange es geht. Vor dem Restaurant küsst sich ein Paar. Sommerküsse. Vielleicht die letzten. Ein Motorboot gleitet vorbei. Nahezu geräuschlos. Der Kapitän im kurzen Hemd. Entschlossen lege ich die Decke beiseite und genieße die letzten Sommertage in Stockholm.

Einmal kraulen, bitte

Mit dem Hundeschlitten unterwegs

»Verdammt – zu schnell«, ist mein letzter Gedanke, bevor ich im Schnee lande. Schon eine ganze Weile bin ich den steilen Abhang hinabgerast. Gebremst habe ich nicht – und dann kam die Kurve. Etwas benommen rapple ich mich wieder auf, und während ich den Schnee von meinem Overall klopfe, erinnere ich mich an die Worte unseres Guides Krister bei der Einweisung: »Die Hunde machen nie Fehler, nur die Menschen.« Wie recht er hatte!

Ich bin mit dem Hundeschlitten in Lappland unterwegs. Gestern, als Krister mir und weiteren sechs Touristen erklärte, wie ein Schlitten zu lenken ist, erschien alles noch so einfach.

Wir müssten in der Kurve nur das Gewicht richtig verlagern und immer auf die Bremse treten, wenn der Schlitten zu schnell wird – das waren die beiden Kernaussagen unseres Tourenführers. »Viel mehr ist gar nicht zu beachten«, fügte er hinzu, bevor er uns auf eine kleine Proberunde schickte. Auch die verlief problemlos. Selbst das Lenken erschien wie ein Kinderspiel, denn die Hunde folgen einfach dem Schlitten vor ihnen. Eigentlich muss man sich nur gut festhalten.

Trotzdem liege ich im Schnee. Zum Glück ist mein Hundeteam eines der entspannteren Sorte. Es kommt nämlich durchaus vor, dass die Huskys nach einem Sturz samt Schlitten, aber ohne Fahrer im Wald verschwinden. Und so heißt die dritte und letzte Regel beim Hundeschlittenfahren: Auch nach dem Sturz unbedingt am Schlitten festhalten! Auch die hatte ich nicht befolgt. Bei so vielen Anfängerfehlern scheinen sogar die Hunde Mitleid zu haben: Sie waren zwar losgerannt, blieben aber schon nach wenigen Metern stehen.

Während der Fahrt blickt Krister, der voranfährt, immer wieder über die Schulter, um uns Greenhorns im Auge zu behalten. Als er meinen umgestürzten Schlitten sieht, treibt er sofort die Krallenbremse seines Gefährts in den harten Schnee. Seine Hunde kommen fast augenblicklich zum Stehen. Nachdem er auch noch den Schneeanker in den Boden gerammt hat, springt er von seinem Schlitten und fängt meine Hunde ein. Währenddessen protestieren die Huskys lauthals gegen die Bewegungssperre: Sie haben Spaß am Laufen und wollen weiter. Auch meine Hunde stimmen in das Gebell ein und treiben mich zur Eile an. Mir ist das Ganze peinlich. Denn inzwischen hat sich hinter mir ein Stau gebildet, die übrigen Schlittengespanne haben aufgeschlossen. Achtundvierzig Hunde und sieben Männer drängen voran. Ich springe so schnell es geht zurück auf den Schlitten. Doch vorher klopft mir Krister noch auf die Schulter. »Vergiss die Bremse nicht!«, schreit er gegen den Lärm der Hunde an. Ich nicke, blicke leicht betreten drein.

Bei strahlendem Sonnenschein und klirrender Kälte zieht die verschneite Landschaft an mir vorbei. Kilometer um Kilometer legen wir zurück – und auf jedem Stück des Weges lasse ich einen Teil meiner Anspannung hinter mir. Ich spüre die unbändige Kraft der Huskys. Ihre offensichtliche Freude am Laufen überträgt sich zunehmend auf mich – ich fühle mich stark. Hinten auf meinem Schlitten stehend, gerate ich geradezu in einen Glücksrausch. Ich werde auch lockerer, weil ich inzwischen recht sicher auf dem Tritt stehe, geschickt Schneelöcher und Mulden abfedere – und an Abhängen rechtzeitig bremse. Sobald es bergauf geht, springe ich wie ein Profi vom Schlitten und laufe neben ihm her. Schließlich habe ich etwas gutzumachen und will deswegen meinen Hunden nicht unnötig zur Last fallen.

Kalt wird mir so trotz der Minusgrade nicht. Als wir am späten Nachmittag im Camp ankommen, bin ich völlig verschwitzt. Am liebsten würde ich mir jetzt etwas Trockenes anziehen und ein warmes Süppchen kochen. Aber das muss warten. Denn erst sind die Hunde dran. Die versorgt jeder Musher selbst. Musher, das ist Profijargon – gemeint sind die Hundeschlittenlenker. Und wie Profis kommen wir uns inzwischen alle vor. Zuerst werden also die Huskys gefüttert – auf dem Speiseplan steht Trockenfutter – und danach ist ausgiebiges Streicheln angesagt. Satana, der jüngste Hund in meinem Team, zieht allerdings das Dessert dem Hauptgang vor: Während sich die übrigen Hunde gierig über ihr Fressen hermachen, stößt mich Satana mit der Schnauze an und fordert mich auf, ihn zu kraulen. Der Name will so gar nicht zu ihm passen: Satana ist ein finnisches Wort und bedeutet Teufel.

Nachdem der Hund versorgt ist, kommt der Mensch an die Reihe. Wir stapfen zu einer kleinen Holzhütte, sind überrascht, dass es drinnen schon mollig warm ist. Ein Vortrupp, der mit Motorschlitten vorangebraust ist, hat den Bullerofen in Gang gesetzt. Überhaupt haben wir eine richtige Luxussafari gebucht: Wir müssen zwar in alter Landschulheimmanier den Tisch decken, doch gekocht wird für uns. Als der dampfende Topf mit Würstchen und Kartoffeln auf dem Tisch steht, schöpfen wir uns mit einer riesigen Kelle gierig das Essen auf den Teller. Da es Nachschlag gibt, sitzen wir bald satt und zufrieden auf den harten Holzbänken. Kerzenlicht hat den Raum in ein romantisches Rot getaucht. Eine Stimmung, die etwas ins Leere geht: In der Gruppe befinden sich ausschließlich Männer. Außerdem ist etwas Prahlen angesagt: Wir fachsimpeln wie Profi-Musher über die Qualität unserer Hunde. Jeder will das schnellste und stärkste Gespann, die bravsten und liebsten Huskys haben. Ich beobachte die anderen und sage nur wenig: Weiß ich doch, dass sie irren – denn Satana läuft in meinem Gespann.

Es ist spät geworden, doch der Höhepunkt des Abends steht noch bevor: ein Saunagang. Das Saunahaus liegt nur wenige Schritte von unserer Hütte entfernt. Ich liebe das Knistern des brennenden Holzes, das Flackern der Flammen und den typischen Saunageruch – diese Mischung aus Holz, Schweiß und Wasser. Und so habe ich mich freiwillig gemeldet, die Sauna anzuschüren. Außerdem kann ich so auf dem Weg dorthin nochmals bei Satana vorbeischauen. Während ich neben ihm hocke und ihn kraule, wandert mein Blick hinauf zum Himmelszelt. Grüne, blaue, rote und weiße Lichter wabern unheimlich über den Himmel, auf und ab, hin und her, wie von Geisterhand bewegt. Das Nordlicht stattet dem schwedischen Winter einen seiner häufigen Besuche ab. Schon oft habe ich es gesehen, doch jedes Mal fasziniert es mich aufs Neue. Erst als mir die eisige Kälte in die Kleider dringt, stehe ich auf und kehre in die Realität zurück. Schnellen Schrittes gehe ich zur Sauna.

Eine Dreiviertelstunde später sitzen acht Männer schweißüberströmt auf den Saunabänken und erzählen noch immer von ihren Hunden. Draußen, am Himmel, flackert das Nordlicht. Satana und seine Freunde verabschieden sich mit einem lauten Heulen von diesem Tag.

Woher kommt der Weihnachtsmann?

Ein Streit unter Nachbarn

»Von drauß' vom Walde komm' ich her …« Mit dieser dürftigen Aussage lassen sich die Menschen zwischen Palermo und Hamburg abspeisen, wenn es darum geht, die Frage nach der Herkunft des Weihnachtsmanns zu beantworten. Ganz anders in Nordeuropa. Dort weiß man genau, wo der alte Mann im roten Rock zu Hause ist.

Eine kurze Nachfrage bei der finnischen Weihnachtsmannorganisation (die gibt es wirklich!) ergibt: Der bärtige Alte und sein Rentier Petteri wohnen am Korvatunturi im Osten Lapplands. Korvatunturi bedeutet auf Deutsch »Ohrenberg«, und der Name kommt angeblich daher, weil der Weihnachtsmann von dort aus die Wünsche der Kinder besonders gut hören kann.

Doch Halt! Der Weihnachtsmann, ein Finne?

Niemals, kontern die Schweden. Sie wissen es besser. Selbstverständlich kommt der *jultomte* aus ihrem Land, genauer: aus Mora am Siljansee. Dort besitzt er ein Haus mit einem großen Garten, in dem er mit den Kindern spielt.

Der Überlieferung nach ist der *jultomte* ein kleines, allenfalls achtzig Zentimeter großes Wichtelmännchen, das mit dem Sack auf dem Rücken und der Laterne in der Hand von Haus zu Haus zieht und seine Geschenke verteilt.

Die schwedischen Väter wären aber buckelig geworden, wenn sie sich Jahr um Jahr am Heiligen Abend als winziges Wichtelmännchen hätten verkleiden müssen. Deswegen hat sich auch in Schweden der Weihnachtsmann in Normalgröße durchgesetzt.

Egal ob klein, ob groß, der Weihnachtsmann ist Schwede! Trotz dieser unumstößlichen Wahrheit zeigt man sich aber versöhnlich und ist bereit, auch den finnischen Weihnachtsmann anzuerkennen – allerdings nur als eine Art Zweigstellenleiter des eigenen *jultomte*. Ganz ohne Hierarchie geht es dann doch nicht.

Da wiederum stellen sich die Finnen stur. Und auch die anderen skandinavischen Brudervölker vergessen jegliche nordische Solidarität, wenn es um den Weihnachtsmann geht. Norwegen, Dänemark, Island und sogar das ferne Grönland behaupten: »Nur wir haben den einzigen richtigen Weihnachtsmann!«

Um endlich Klarheit zu schaffen, befasste sich vor einigen Jahren sogar ein Ausschuss des Nordischen Rates mit diesem wichtigen Thema. Das glauben Sie nicht? Man sieht, Sie haben die Bedeutung des Weihnachtsmanns für Nordeuropa noch nicht erfasst! Ansonsten immer auf Eintracht und Verständigung bedacht, konnten sich die Nordmänner damals auf kein gemeinsames Votum einigen … und deshalb gilt seitdem auch in Nordeuropa: »Von drauß' vom Walde komm' ich her …«

Magie am Himmel

Der Zauber nordischer Nächte

1. Januar. 10 Uhr 54. Der erste Sonnenaufgang seit zwanzig Tagen. Erkki hat noch den Kater der Silvesterfeier in den Knochen, doch er hält sich wacker. Er will die Sonne an diesem Morgen ebenso begrüßen wie das neue Jahr in der Nacht zuvor. Fast drei Wochen hatte sie sich versteckt gehalten, und auch jetzt wird sie uns nur für eine Stunde die Ehre geben.

Erkki ist Bauarbeiter und lebt in Kiruna, weit jenseits des Polarkreises, rund dreizehnhundert Kilometer von Stockholm entfernt. Und schon Stockholm liegt für deutsche Verhältnisse ganz weit oben im Norden. »Ziemlich dunkel bei euch«, versuche ich ein Gespräch mit Erkki anzufangen. Der sieht mich fragend und mit einem Blick an, der mir zeigt, dass ich so gar keine Ahnung habe. »Wirklich dunkel ist es hier nie«, brummt er und deutet mit seiner großen Hand hinaus auf die weite Schneefläche. Recht hat er. Wenn das Mondlicht auf dem winterlichen Weiß reflektiert, taucht es die Landschaft in ein besonderes, mystisches Licht. Wenn dann noch die grünen, blauen oder roten Flammen des Nordlichts über den Winterhimmel wandern, wird Lappland zur Bühne für ein grandioses Spektakel. Diese Aufführungen finden häufig statt. In der Zeit zwischen Oktober und April flirren nahezu täglich die Polarlichter über den Himmel. Für Physiker sind sie nur elektrisch geladene Teilchen des Sonnenwindes. Die Finnen nennen das Nordlicht poetisch »Fuchsschweif«, und nicht ohne Stolz stellt Erkki fest: »Im Winter ist Lappland ein Paradies.« Ob die Dunkelheit, Mondschein hin und Nordlicht her, nicht depressiv mache, frage ich ihn. Erkki ist ein ruhiger Mensch, er antwortet immer bedächtig und ohne seine Stimme zu erheben. Sein Blick verrät aber, dass ihn der Nordlandbesucher aus dem Süden mit seinen dummen Fragen nervt und er sein Bier lieber ungestört im ersten Sonnenlicht des Jahres genießen würde. Das Thermometer zeigt minus zwanzig Grad, daran kann auch die eben nach langem Schlaf erwachte Sonne nichts ändern. Aber ein kühles Bier auf der Terrasse geht bei Erkki immer. »Mit der Dunkelheit haben nur die Finnen Probleme«, antwortet er schließlich selbstironisch, denn sein Name und Akzent lassen ihn unschwer als finnischen Einwanderer erkennen. Recht hat Erkki aber trotzdem. In der traurigen Statistik der Selbstmorde liegt Finnland zusammen mit den baltischen Staaten und Ungarn europaweit an der Spitze. Unangefochten die Nummer eins sind aber die »Winterfinnen«, denn nirgendwo werden so viele Männer des Lebens überdrüssig wie in Finnland in der Zeit zwischen Oktober und März. Finnische Frauen überstehen die Winterdepression hingegen ebenso unbeschadet wie die Schweden.

Ohnehin ist Lappland keineswegs ein Land der Dunkelheit. Ganz im Gegenteil. Vom 27. Mai bis 14. Juli gefällt es der Sonne in Kiruna so gut, dass sie gar nicht mehr untergehen mag. Dann schafft sie dieses unglaubliche Licht. Sanft und weich, als würde sie die Dinge nicht einfach beleuchten, sondern liebevoll umarmen.

Im lappländischen Sommer ist es so hell, dass man problemlos um Mitternacht Zeitung lesen kann. Aber wer würde das wollen? Kann man sich stattdessen doch im fantastischen Blau des nächtlichen Himmels verlieren. Eine ganz besondere Farbe, die sonst allenfalls Verliebte in den Augen ihrer Angebeteten entdecken.

Der Sommer zaubert ein Lächeln auf alle Gesichter und wirkt auf die Nordlandbewohner wie ein Aufputschmittel. Wie die Sonne, die kaum noch untergeht, machen auch die Menschen Überstunden. Geschlafen wird nur in Ausnahmefällen. Als trügen sie einen Solar-Akku in sich, den sie in den Sommermonaten aufladen müssen, stürzen sie aus ihren Häusern und reißen sich die Kleider vom Leib. Das mag jetzt übertrieben klingen, aber ab Anfang Juni findet man keinen Schweden mit langen Ärmeln am Hemd und keine Schwedin, die Socken trägt. Egal wie das Wetter ist, jetzt wird Haut gezeigt. Und es geht hinaus in die Natur. Die einen sitzen vor ihren

Sommerhäuschen am See, die anderen wandern, angeln oder liegen am Strand.

Im nordischen Sommer lebt jeder eine Spur intensiver als während der übrigen Zeit, und entsprechend ist Mittsommer auch das wichtigste Fest des Jahres.

Ein schwedischer Freund meinte einmal, »Mittsommer ist dann, wenn der Tag später schlafen geht als du.« Dieser Freund war aber nicht Erkki aus Kiruna, denn der hat noch jeden Tag in die Knie gezwungen.

Am Morgen des Mittsommertags werden Haus und Hof mit Blumen und Zweigen geschmückt. Auf dem Land stellt man die *majstång*, einen reich geschmückten, dünnen Baumstamm, auf. Dieser hat, obwohl er ganz ähnlich aussieht, nichts mit unserem Maibaum gemeinsam. Der Name kommt auch nicht vom Monat Mai, sondern von dem schwedischen Wort *majen*, was so viel bedeutet wie »herumbinden«. Nichts anderes macht man nämlich mit den Zweigen und Blumen, mit denen die *majstång* geschmückt wird.

Am Abend des Mittsommertags wird zum Tanz aufgespielt, und auf einem traditionellen Fest fassen sich dann alle an den Händen und tanzen gemeinsam um den geschmückten Baum.

Früher war die Mittsommernacht besonders für ledige Mädchen sehr wichtig. Denn die konnten dann herausfinden, wen sie später einmal heiraten würden. Sie mussten auf neun verschiedenen Wiesen neun verschiedene Blumen pflücken und das Sträußchen dann unter ihr Kopfkissen legen. Am nächsten Morgen, wenn sie nach dem langen Fest erschöpft einschliefen, erschien ihnen ihr Traumprinz im Schlaf. Auch heutzutage begegnet vielen Schwedinnen an Mittsommer ihr Traumprinz, allerdings in der Realität. An diesem Tag werden, vermutlich mit alkoholischer Unterstützung, auffällig viele Kinder gezeugt. Der nordische Sommer ist eben eine besonders schöne Jahreszeit. Die Sonne macht den Unterschied.

Danksagung

Ohne Martina Hahn gäbe es das Buch in dieser Form nicht. Sie hat nicht nur dafür gesorgt, dass sich die Rechtschreib- und Tippfehler in überschaubaren Grenzen hielten, sondern mit ihren Ideen auch Anstoß für so manche Geschichte gegeben. Danke – nicht nur – dafür.